U0137183

徹悟禪師開示語錄

速出生死之關　共證安樂之境　拯拔羣迷　胥登彼岸
得自在力　念而無念　無生而生　心印遞傳

徹悟禪師 著

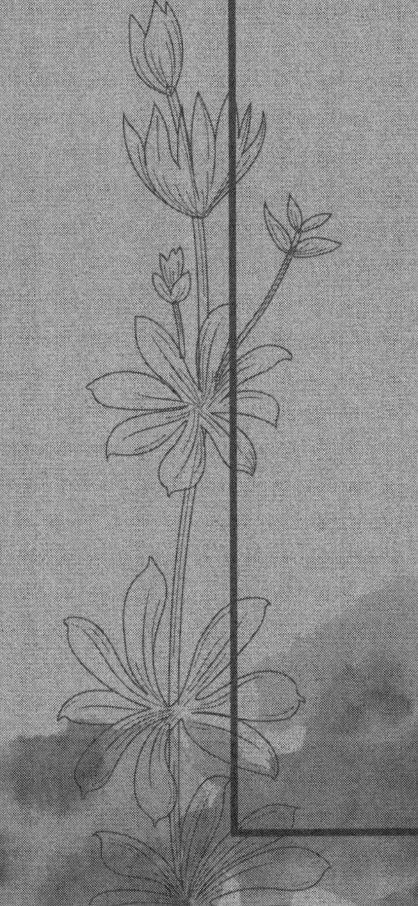

華夏出版公司本著「弘揚傳統文化，好書永世流傳」的理念，因舊版圖書年代久遠，囿於時空因素，在尚未能聯繫到原著作人並取得同意下，重新出版了這本著作，如有侵權，敬請著作權人或其親友和華夏出版公司聯繫，謝謝您。

徹悟禪師語錄序

世之稱淨業者。自晉遠法師始。仰體佛慈。大啟度門。鑿池植蓮。建堂立誓。於時十八賢衆百二十三人。得自在力。念而無念。無生而生。心印遞傳。迄至於今不墜。有徹悟禪師者。法門之元嗣也。夙具定慧。參契淵微。始則悟圓覺一經要義。繼則了解三藏十乘妙旨。盡棄舊習。專注淨業。盧其衷。平其氣。歷廿載如一日。無退轉心。克遂西生之願。是以圓信圓解饒益衆生者。即以之證彌陀法界。遺集具存。讀之而益信師之所言。曰願。曰信。曰行。曰罪業懺除。曰善根成熟。要惟兢兢於一心之生者。橫徧十方。竪窮三際。心之廣也。慮墜偏小。發大菩提。心之宏也。任運感業。合道轉業。心之權也。淸珠濁水之投。種瓜種豆之穫。鑄金成麪之具。心之源也。經所稱是心作佛是心是佛二語。尤反覆求詳三致意焉。又謂一寸時光。一寸命光。欲後之學者。於恆河沙數中。履捷行簡速出生死之關。共證安樂之境。拯拔羣迷。胥登彼岸。其意亦何厚乎。師平昔於語言文字。不欲究心。然偶一拈唫。大之總攝無餘。細之圓融無礙。對機立教。眞理兼包。如阿伽陀藥。無病不療。如如意珠。無願不滿者。其如斯乎。余竊念宗教兩門語錄。浩如煙海。疏經注義。法旨昭明。

而淨業之修。爲入道之正軌。自龍舒大佑諸集外。言者闕如。宜師言之不可湮沒也。師之高弟松泉。以是集付刊。問序於余。余即師文之奥衍者。申言之。是爲序。三寶弟子誠安謹識。

自序

余自乾隆癸巳。住持京都廣通寺。領衆叅禪。間有東語西話。筆以記之。至丁卯歲。以宿業深重。多諸病緣。因思教乘五停心觀。多障有情以念佛治。且此一門。文殊普賢等諸大菩薩。馬鳴龍樹等諸大祖師。智者永明楚石蓮池等諸大善知識。皆悉歸心。我何人斯。敢不歸命。於是朝暮課佛。而禪者願隨者頗夥。因順時機。且便自行。遂輟參念佛。時門牆見重者。謗讟四起。余以深信佛言。不顧也。十餘年來所有積稿。一旦付之丙丁。不意爲多事禪者。於灰燼中撥出若干則。然百不存一矣。嗣後爲業風所吹。歷主覺生資福兩刹。爲虛名所誤。往往有請開示索題跋者。迫不得已而應之。日久歲深。復積成卷。戊辰夏。李居士逢春在山聽講。聞法有悟。遂欲付之剞劂。余曰不可。身既隱矣。焉用文爲。此世間隱者之言尙然。余已栖心淨土。復何文字可留。居士堅請不已。爰弁數語。用示皆不得已之言也。嘉慶歲次庚午九月重陽後三日。訥道人書於資福二有丈室。

念佛伽陀序

訥堂老人。率衆精脩持名法門。備極誠懇。於廣通覺生兩蘭若。歷有年所。玆乙卯冬。復以教義宗乘。各詠偈百首。闡其要妙。舉以示衆。如輩當時一聞心蕩神怡。若深有領會焉。因仰體老人爲衆苦心諄諄如是。若不記錄。久必湮沒。遂壽之梨棗。莊成數卷。以備諸同志者共爲參味云爾。嘉慶元年歲次丙辰佛歡喜日。受業弟子心雨稽首謹題。

發菩提心論卷上

天親菩薩造

姚秦三藏法師鳩摩羅什譯

勸發品第一

敬禮無邊際　去來現在佛

等空不動智　救世大悲尊

有大方等最上妙法。摩得勒伽藏菩薩摩訶薩之所修行。所謂勸樂修集無上菩提。能令衆生發深廣心。建立誓願畢定莊嚴。捨身命財攝伏貪恡。修五聚戒化導犯禁。行畢竟忍辱調伏瞋癡。發勇精進安止衆生。集諸禪定爲知衆心。修行智慧滅除無明。入如實法門離諸執著。宣示甚深空無相行。稱讚功德使佛種不斷。有如是等無量方便助菩提法清淨之門。當爲一切上上善欲分別顯示。悉令究竟阿耨多羅三藐三菩提。諸佛子。若佛弟子受持佛語。能爲衆生演說法者。應先稱揚佛之功德。衆生聞已乃能發心求佛智慧。以發心故佛種不斷若比丘比丘尼優婆塞優婆夷。念佛念法又念如來行菩薩道時爲求法故。阿僧祇劫受諸勤苦。以如是念。爲菩薩說法乃至一偈。菩薩得聞是法示教利喜。當種善根修習佛法。得阿耨多羅三藐三菩提。爲斷無量衆生無始生死諸苦惱故。菩薩摩訶薩欲成無量身心。勤修精進深發大願。行大方便起大慈悲。求大智慧無見頂相。求如是等諸佛大法。當知是法無量無邊。法無量故福德果報亦復無量。如來說言如諸菩薩最初發心下劣一念福德果報。百千萬劫說不能盡。況復一日一月一歲乃至百歲。所習諸心福德果報豈可說盡。何以故。菩薩所行無盡。欲令一切衆生皆住無生法忍。得阿耨多羅三藐三菩提故。諸佛子。菩薩初始發菩提心。譬如大海初漸起時。當知皆爲下中上價乃至無價如意寶珠作所住處。此寶皆從大海生故。菩薩發心亦復如是。初漸起時。當知便爲人天聲聞緣覺菩薩諸佛一切善法禪定智慧之所生處。復次又如三千大千世界初漸起時。當知便爲二十五有。其中所有一切衆生。悉皆荷負作依止處。菩薩發菩提心亦復如是。初漸起時。普爲一切無量衆生。所謂六趣四生。正見邪見修善習惡。護持淨戒犯四重禁。尊奉三寶謗毀正法。諸魔外道沙門梵志。刹利婆羅門毗舍首陀。一切荷負作依止處。復次菩薩發心。慈悲爲首。菩薩大慈無量無邊。是故發心無有齊限等衆生界。譬如虛空無不普覆。菩薩發心亦復如是。一切衆生無不覆者。如衆生界無量無邊不可窮盡。菩薩發心亦復如是。無量無邊無有窮盡。虛空無盡故衆生無盡衆生無盡故菩薩發心等衆生界。衆生界者無有齊限。我今當承聖旨說其少分。東方盡千億恆河沙阿僧祇諸佛世界。南西北方四維上下各千億恆河沙阿僧祇諸佛世界。盡末爲微塵。此諸微塵皆不與肉眼作對。百萬億恆河沙阿僧祇三千大千世界所有衆生。悉共聚集共取一塵。二百萬億恆河沙阿僧祇三千大千世界所有衆生。共取二塵。如是展轉取十方各千億恆河沙阿僧祇諸佛世界所有地種。微塵都盡。

是衆生界猶不可盡。譬如有人析破一毛以爲百分。以一分毛滴大海水。我今所說衆生少分亦復如是。其不說者如大海水。假使諸佛於無量無邊阿僧祇劫。廣演譬喻說亦不盡。菩薩發心悉能遍覆如是衆生。云何諸佛子。是菩提心豈可盡也。若有菩薩聞如是說。不驚不怖不退不沒。當知是人決定能發菩提之心。假令無量一切諸佛於無量阿僧祇劫。讚其功德亦不可盡。何以故。是菩提心無有齊限不可盡故。有如是等無量利益。是故宣說爲令衆生普使得聞發菩提心。

發心品第二

菩薩云何發菩提心。以何因緣修集菩提。若菩薩親近善知識供養諸佛。修集善根志求正法。心常柔和遭苦能忍。慈悲淳厚深心平等。信樂大乘求佛智慧。若人能具如是十法。乃能發阿耨多羅三藐三菩提心。復有四緣。發心修習無上菩提。何謂爲四。一者思惟諸佛發菩提心。二者觀身過患發菩提心。三者慈愍衆生發菩提心。四者求最勝果發菩提心。思惟諸佛復有五事。一者思惟十方過去未來現在諸佛初始發心具煩惱性亦如我今。終成正覺爲無上尊。以此緣故發菩提心。二者思惟一切三世諸佛發大勇猛。各各能得無上菩提。若此菩提是可得法我亦應得。緣此事故發菩提心。三者思惟一切三世諸佛發大明慧。於無明𣪊建立勝心積集苦行。皆能自拔超出三界。我亦如是當自拔濟。緣此事故發菩提心。四者思惟一切三世諸佛爲人中雄。皆度生死煩惱大海。我亦丈夫亦當能度。緣此事故發菩提心。五者思惟一切三世諸佛發大精進捨身命財求一切智。我今亦當隨學諸佛。緣此事故發菩提心。觀身過患發菩提心。復有五事。一者自觀我身。五陰四大俱能興造無量惡業。欲捨離故。二者自觀我身。九孔常流臭穢不淨。生厭離故。三者自觀我身。有貪瞋癡無量煩惱燒然善心。欲除滅故。四者自觀我身。如泡如沫念念生滅。是可捨法欲棄捐故。五者自觀我身。無明所覆常造惡業。輪迴六趣無利益故。求最勝果發菩提心。復有五事。一者見諸如來。相好莊嚴光明清徹遇者除惱。爲修習故。二者見諸如來。法身常住清淨無染。爲修習故。三者見諸如來。有戒定慧解脫解脫知見清淨法聚。爲修習故。四者見諸如來。有十力四無所畏大悲三念處。爲修習故。五者見諸如來。有一切智。憐愍衆生慈悲普覆。能爲一切愚迷正導。爲修習故。慈愍衆生發菩提心。復有五事。一者見諸衆生爲無明所縛。二者見諸衆生爲衆苦所纏。三者見諸衆生集不善業。四者見諸衆生造極重惡。五者見諸衆生不修正法。無明所縛復有四事。一者見諸衆生爲癡愛所惑受大劇苦。二者見諸衆生不信因果造作惡業。三者見諸衆生捨離正法信受邪道。四者見諸衆生沒煩惱河四流所漂。衆苦所纏復有四事。一者見諸衆生畏生老病死不求解脫而復造業。二者見諸衆生憂悲苦惱而常造作無有休息。三者見諸衆生愛別離苦而不覺悟方便染著。四者見諸衆生怨憎會苦常起嫌嫉更復造怨。集不善業復有四事。一者見諸衆生爲愛欲故造作諸惡。二者見諸衆生知欲生苦而不捨欲。三者見諸衆生雖欲求樂不具戒足。四者見諸衆生雖不樂苦造苦不息。造極重惡復有四事。一者見諸衆生毀犯重戒雖復憂懼而猶放逸。二者見諸衆生興造極惡五無間業。凶頑自蔽不生慚愧。三者見諸衆生謗毀大乘方等正法。專愚自執方起憍慢。四者見諸衆生雖懷聰哲而具斷善根。反自貢高永無改悔。不修正法復有四事。一者見諸衆生生於八難不聞正法不知修善。二者見諸衆生值佛出世聞說正法不能受持。三者見諸衆生染習外道苦身修業永離出要。四者見諸衆生修得非想非非想定謂是涅槃善報既盡還墮三塗。菩薩見諸衆生無明造業長夜受苦。捨離正法迷於出路。爲是等故發大慈悲。志求阿耨多羅三藐三菩提。如救頭然。一切衆生有苦惱者。我當拔濟令無有餘。諸佛子。我今略說初行菩薩緣事發心。若廣說者無量無邊。

願誓品第三

菩薩云何發趣菩提。以何業行成就菩提。發心菩薩住乾慧地。先當堅固發於正願。攝受一切無量衆生。我求無上菩提。救護度脫令無有餘。皆令究竟無餘涅槃。是故初始發心大悲爲首。以悲心故能發轉勝十大正願。

何謂爲十。一者願我先世及以今身所種善根。以此善根施與一切無邊衆生。悉共迴向無上菩提。令我此願念念增長。世世所生常繫在心終不忘失。爲陀羅尼之所守護。二者願我迴向大菩提已。以此善根。於一切生處常得供養一切諸佛。不生無佛國土。三者願我得生諸佛國已。常得親近隨侍左右如影隨形。無刹那頃遠離諸佛。四者願我得親近佛已。隨我所應爲我說法。即得成就菩薩五通。五者願我成就菩薩五通已。即通達世諦假名流布。解了第一義諦如眞實性。得正法智。六者願我得正法智已。以無厭心爲衆生說。示教利喜皆令開解。七者願我能開解諸衆生已。以佛神力遍至十方無餘世界。供養諸佛聽受正法。廣攝衆生。八者願我於諸佛所受正法已。卽能隨轉淸淨法輪。十方世界一切衆生聽我法者聞我名者。卽得捨離一切煩惱發菩提心。九者願我能令一切衆生發菩提心已。常隨將護除無利益與無量樂。捨身命財攝受衆生荷負正法。十者願我能荷負正法已。雖行正法心無所行。如諸菩薩行於正法。而無所行亦無不行。爲化衆生不捨正願。是名發心菩薩十大正願。此十大願遍衆生界。攝受一切恆沙諸願。若衆生界盡我願乃盡。而衆生界實不可盡。

我此大願亦無有盡。復次布施是菩提因。攝取一切諸衆生故。持戒是菩提因。具足衆善滿本願故。忍辱是菩提因。成就三十二相八十隨形好故。精進是菩提因。增長善行於諸衆生勤教化故。禪定是菩提因。自己調伏。能知衆生諸心行故。智慧是菩提因。具足能知諸法性相故。取要言之。六波羅蜜是菩提正因四無量心三十七品諸萬善行共相助成。若菩薩修習六波羅蜜。隨其所行。漸漸得近阿耨多羅三藐三菩提。諸佛子求菩提者不應放逸。放逸之行能壞善根。若菩薩制伏六根不放逸者。是人能修六波羅蜜。菩薩發心先建至誠立決定誓。立誓之人終不放逸懈怠慢緩。何以故。立決定誓。有五事持故。一者能堅固其心。二者能制伏煩惱。三者能遮放逸。四者能破五蓋。五者能勤修行六波羅蜜。如佛所讚。

如來大智尊　　顯說功德證
忍慧福業力　　誓願力最勝

云何立誓。若有人來種種求索。我於爾時隨有施與。乃至不生一念慳悋之心。若生惡心如彈指頃。以施因緣求淨報者。我即欺誑十方世界無量無邊阿僧祇現在諸佛。於未來世亦當必定不成阿耨多羅三藐三菩提若我持戒。乃至失命。建立淨心誓無改悔。若我修忍。爲他侵害乃至割截。常生慈愛誓無恚礙。若我修精進。遭逢寒暑王賊水火師子虎狼無水穀處。要必堅強其心誓不退沒。若我修禪。爲外事所嬈不得攝心。要必繫念在境。誓不暫起非法亂想。若我修習智慧。觀一切法如實性。隨順受持。於善不善有爲無爲生死涅槃。不起二見。若我心悔恚礙退沒亂想。起於二見如彈指頃。而以戒忍精進禪智求淨報者。我卽欺誑十方世界無量無邊阿僧祇現在諸佛。於未來世。亦當必定不成阿耨多羅三藐三菩提。菩薩以十大願持正法行。以六大誓制放逸心。必能精勤修習六波羅蜜。成阿耨多羅三藐三菩提。

檀那波羅蜜品第四

云何菩薩修行布施。布施若爲自利利他及二俱利。如是布施。則能莊嚴菩提之道。菩薩爲欲調伏衆生令離苦惱。是故行施。修行施者。於己財物常生捨心。於來求者起尊重心。如父母師長善知識想。於貧窮下賤起憐愍心。如一子想。隨所須與心喜恭敬。是名菩薩初修施心。修布施故善名流布。隨所生處財寶豐盈。是名自利。能令衆生心得滿足。教化調伏使無慳悋。是名利他。以己所修無相大施。化諸衆生令同己利。是名俱利。因修布施獲得轉輪王位。攝受一切無量衆生。乃至得佛無盡法藏。是名莊嚴菩提之道。施有三種。一以法施。二無畏施。三財物施。以法施者。勸人受戒修出家心。爲壞邪見說斷常四倒衆惡過患。分別開示眞諦之義。讚精進功德。說放逸過惡。是名法施。若有衆生怖畏王者師子虎狼水火盜賊。菩薩見已能爲救護。名無畏施。自於財物施而不悋。上至珍寶象馬車乘繒帛穀麥衣服飲食。下至麨團一縷之線。若多若少稱求者意隨所須與。是名財施。財施有五種。一者至心施。二者信心施。三者隨時施。四者自手施。五者如法施。所不應施復有五事。非理求財不以施人。物不淨故。酒及毒藥不以施人。亂衆生故。買羅機網不以施人。惱衆生故。刀仗弓箭不以施人。害衆生故。音樂女色不以施人。壞淨心故。取要言之。不如法物惱亂衆生。不以施人。自餘一切能令衆生得安樂者。名如法施。樂施之人。復獲五種名聞善利。一者常得親近一切賢聖。二者一切衆生之所樂見。三者入大衆時人所宗敬。四者好名善譽流聞十方。五者能爲菩提作上妙因。菩薩之人名一切施。一切施者非謂多財。謂施心也。如法求財持以布施。名一切施。以淸淨心無諂曲施。名一切施。見貧窮者憐愍心施。名一切施。見厄苦者慈悲心施。名一切施。居貧少財而能用施。名一切施。愛重寶物開意能施。名一切施。不觀持戒毀戒田非田施。名一切施。不求人天妙善樂施。名一切施。志求無上大菩提施。名一切施。欲施施時歡喜施已不悔。名一切施。若以華施。具足陀羅尼七覺華故。若以香施。具戒定慧熏塗身故。若以果施。具足成就無漏果故。若以食施。具足命辯色力樂故。以衣服施。具淸淨色除無慚愧故。以燈明施。具足佛眼照了一切諸法性故。以象馬車乘施。得無上乘具足神通故。以瓔珞施。具足八十隨形好故。以珍寶施。具足大人三十二相故。以筋力僕使施。具佛十力四無畏故。取要言之。乃至國城妻子頭目手足。舉身施與心無悋惜。爲得無上菩提度衆生故。菩薩摩訶薩修行布施。不見財物施者受者。以無相故。是則具足檀那波羅蜜。

尸羅波羅蜜品第五

云何菩薩修行持戒。持戒若爲自利他利及二俱利。如是持戒。則能莊嚴菩提之道。菩薩爲欲調伏衆生令離苦惱。是故持戒。修持戒者。悉淨一切身口意業。於不善行心能捨遠。善能訶責惡行毀禁。於小罪中心常恐怖。

是名菩薩初持戒心。修持戒故。遠離一切諸惡過患。常生善處。是名自利。教化衆生令不犯惡。是名利他。以已所修向菩提戒。化諸衆生令同已利。是名俱利。因修持戒。獲得離欲乃至盡漏成最正覺。是名莊嚴菩提之道。戒有三種。一者身。二者口。三者心。持身戒者。永離一切殺盜婬行。不奪物命。不侵他財。不犯外色。又亦不爲殺等因緣及其方便。不以杖木瓦石傷害衆生。若物屬他他所受用。一草一葉不與不取。又亦未嘗眄睞細色。於四威儀恭謹詳審。是名身戒。持口戒者。斷除一切妄語兩舌惡口綺語。常不欺誑離間和合。誹謗毀呰文飾言

辭。及造方便惱觸於人。言則至誠柔輭忠信。言常饒益
勸化修善。是名口戒。持心戒者。除滅貪欲瞋恚邪見。常
修輭心不作過罪。信是罪業得惡果報。思惟力故不造
諸惡。於輕罪中生極重想。設誤作者恐怖憂悔。於衆生
所不起瞋惱。見衆生已生愛念心。知恩報恩心無慳恡。
樂作福德常以化人。常修慈心憐愍一切。是名心戒。是
十善業戒。有五事利益。一者能制惡行。二者能作善心。
三者能遮煩惱。四者成就淨心。五者能增長戒。若人善
修不放逸行。具足正念分別善惡。當知是人決定能修
十善業戒。八萬四千無量戒品。悉皆攝在十善戒中。是

十善戒能爲一切善戒根本。斷身口意惡。能制一切不善之法。故名爲戒。戒有五種。一者波羅提木叉戒。二者定共戒。三者無漏戒。四者攝根戒。五者無作戒。白四羯磨從師而受。名波羅提木叉戒。根本四禪四未到禪。是名定共戒。根本四禪初禪未到。名無漏戒。守攝諸根修正念心。見聞覺知色聲香味觸不生放逸。名攝根戒。捨身後世更不作惡。名無作戒。菩薩修戒不與聲聞辟支佛共。以不共故名善持戒。善持戒故則能利益一切衆生。持慈心戒。救護衆生令安樂故。持悲心戒。忍受諸苦拔厄難故。持喜心戒。勸樂修善不懈怠故。持捨心戒。怨親平等離愛恚故。持惠施戒。教化調伏諸衆生故。持忍辱戒。心常柔輭無恚癡故。持精進戒。善業日增不退還故。持禪定戒。離欲不善長禪枝故。持智慧戒。多聞善根無厭足故。持親近善知識戒。助成菩提無上道故。持遠離惡知識戒。捨離三惡八難處故。菩薩之人持淨戒者。不依欲界不近色界不住無色界是清淨戒。捨離欲塵除瞋恚癡滅無明障是清淨戒。離斷常二邊不逆因緣是清淨戒。不著色受想行識假名之相是清淨戒。不繫於因不起諸見不住疑悔是清淨戒。不住貪瞋癡三不善根是清淨戒。不住我慢憍慢增上慢慢慢大慢。柔和善順是淸淨戒。利衰毀譽稱譏苦樂不以傾動是淸淨戒。不染世諦虛妄假名。順於眞諦是淸淨戒。不惱不熱寂滅離相是淸淨戒。取要言之。乃至不惜身命觀無常想生於厭離。勤行善根勇猛精進是淸淨戒。菩薩摩訶薩修行持戒不見淨心以離相故。是則具足尸羅波羅蜜。

羼提波羅蜜品第六

云何菩薩修行忍辱。忍辱若爲自利他利及二俱利。如是忍辱。則能莊嚴菩提之道。菩薩爲欲調伏衆生令離苦惱故修忍辱。修忍辱者。心常謙下一切衆生剛強憍慢捨而不行。見麤惡者起憐愍心。言常柔輭勸化修善。能分別說瞋恚和忍果報差別。是名菩薩初忍辱心。修忍辱故。遠離衆惡身心安樂。是名自利。化導衆生皆令和順。是名利他。以已所修無上忍辱化諸衆生令同已利。是名俱利。因修忍辱獲得端正。人所宗敬。乃至得佛上妙相好。是名莊嚴菩提之道。忍辱有三。謂身口意。云何身忍。若他加惡侵毀撾打。乃至傷害悉能忍受。見諸衆生威逼恐懼。以身代之而無疲怠。是名身忍。云何口忍。若見罵者默受不報。若有非理來訶責者。當輭語附順。若有加誣橫生誹謗皆當忍受。是名口忍。云何意忍。

見有瞋者心不懷恨。若有觸惱其心不亂。若有譏毀心亦無怨。是名意忍。世間打者有二種。一者實。二者橫。若有過惡若人嫌疑爲彼所打。自應忍受如服甘露。於彼人所應生恭敬。所以者何。善能教誡調伏於我。令我得離諸過罪故。若橫加惡傷害於我。當自思惟我今無罪。當是過去宿業所招。是亦應忍。復應思念四大假合五衆緣會誰受打者。又觀前人如癡如狂。我當愍之。云何不忍。又罵者亦有二種。一實二虛。若說實者我應生慚。若說虛者無預我事。猶如響聲亦如風過無損於我。是故應忍。又瞋者亦爾。他來瞋我我當忍受。若瞋彼者。於未來世當墮惡道受大苦惱。以是因緣。我身若被斫截分離。不應生瞋。應當深觀往業因緣。當修慈悲憐愍一切。如是小苦不能忍者。我卽不能自調伏心。云何當能調伏衆生。令得解脫一切惡法成無上果。若有智人樂修忍辱。是人當得顏貌端正多饒財寶。人見歡喜敬仰伏從。復當觀察。若人形殘顏色醜惡。諸根不具乏於財物。當知皆是瞋因緣得。以是因緣智者應當深修忍辱。生忍因緣有十事。一者不觀於我及我所相。二者不念種姓。三者破除憍慢。四者惡來不報。五者觀無常相。六者修於慈悲。七者心不放逸。八者捨於飢渴苦樂等事。

九者斷除瞋恚。十者修習智慧。若人能成如是十事。當知是人能修於忍。菩薩摩訶薩修於清淨畢竟忍時。若入空無相無願無作。不與見覺願作和合。不倚著空無相無願無作。是諸見覺願作皆空。如是忍者是無二相。是名清淨畢竟忍也。若入盡結若入寂滅。不與盡結生死和合。不倚盡結寂滅諸結生死皆空。如是忍者是無二相。是名清淨畢竟忍也。若性不自生。不從他生。不和合生。亦無有出不可破壞。不可壞者是不可盡。如是忍者是無二相。是名清淨畢竟忍也。無作非作無所倚著。無分別無莊嚴。無修治無發進。終不造生。如是忍者。是無生忍。如是菩薩修行是忍時。得受記忍。菩薩摩訶薩。修行忍辱性相盡空。無衆生故。是則具足羼提波羅蜜。

發菩提心論卷上

音釋

析 先擊切分也 麨 尺小切乾糒也 罝 子邪切兎罟也 眄睞 眄莫甸切睞落代切斜睞傍視也 羼 初限切 撾 陟瓜切擊也

發菩提心論卷下

天親菩薩造

姚秦三藏法師鳩摩羅什譯

毗梨耶波羅蜜品第七

云何菩薩修行精進。精進若爲自利他利及二俱利。如是精進。則能莊嚴菩提之道。菩薩爲欲調伏衆生令離苦惱故修精進。修精進者。於一切時常勤修習清淨梵行。捨離怠慢心不放逸。於諸艱難不饒益事。心常精勤終不退沒。是名菩薩初精進心。修精進故。能得世間出世間上妙善法。是名自利。教化衆生令勤修善。是名利他。以己所修菩提正因。化諸衆生令同己利。是名俱利。因修精進。獲得轉勝清淨妙果。超越諸地乃至速成正覺。是名莊嚴菩提之道。精進有二種。一者爲求無上道故。二者廣欲拔濟衆苦而起精進。菩薩成就十念。乃能發心勤行精進。云何十念。一者念佛無量功德。二者念法不思議解脫。三者念僧清淨無染。四者念行大慈安立衆生。五者念行大悲拔濟衆苦。六者念正定聚勸樂修善。七者念邪定聚拔令反本。八者念諸餓鬼飢渴熱惱。九者念諸畜生長受衆苦。十者念諸地獄備受燒煮。

菩薩如是思惟十念。三寶功德我當修習。慈悲正定我當勸勵。邪定衆生三惡道苦我當拔濟。如是思惟專念不亂。日夜勤修無有休廢。是名能起正念精進。菩薩精進復有四事。所謂修行四正勤道。未生惡法遮令不生。已生惡法速令除斷。未生善法方便令生。已生善法修滿增廣。菩薩如是修四正勤道而無休息。是名精進。是勤精進能壞一切諸煩惱界。增長無上菩提正因。菩薩若能受於一切身心大苦。爲欲安立諸衆生故而不疲倦。是名精進。菩薩遠離惡時諂曲邪精進已修正精進。所謂修信施戒忍定慧慈悲喜捨。欲作已作當作。至心常行精勤無悔。於諸善法及拔濟衆苦。如救頭然心不退沒。是名精進。菩薩雖復不惜身命。然爲拔濟衆苦救護正法。當應愛惜。不捨威儀常修善法。修善法時心無懈怠。失身命時不捨如法。是名菩薩修菩提道勤行精進。懈怠之人不能一時一切布施。不能持戒忍於衆苦勤行精進攝心念定分別善惡。是故說言六波羅蜜。因於精進而得增長。若菩薩摩訶薩精進增上。則能疾得阿耨多羅三藐三菩提。菩薩發大莊嚴而起精進。復有四事。一者發大莊嚴。二者積集勇健。三者修諸善根。四者教化衆生。云何菩薩發大莊嚴。於諸生死心能堪忍不計劫數。於無量無邊百千萬億那由他恆河沙阿僧祇劫當成佛道心不疲倦。是名不懈莊嚴精進。菩薩積集勇健而趣精進。若三千大千世界滿中盛火。爲見佛故爲聞法故。爲安止衆生於善法故。要當從是火中而過。爲調伏衆生。心善安止於大悲中。是名勇健精進。菩薩修習善根而起精進。如所發起一切善根。悉以迴向阿耨多羅三藐三菩提。爲欲成就一切智故。是名修習善根精進。菩薩教化衆生而起精進。衆生之性不可稱計。無量無邊同虛空界。菩薩立誓我當度之無有遺餘。爲欲化度勤行精進是名教化精進。取要言之。菩薩修助道功德助無上智慧。修習佛法而起精進。佛諸功德無量無邊。菩薩摩訶薩發大莊嚴所行精進。亦復如是無量無邊。菩薩摩訶薩修行精進無離欲心。拔衆苦故。是則具足毗梨耶波羅蜜。

禪波羅蜜品第八

云何菩薩修習禪定。禪定若爲自利他利及二俱利。如是禪定。則能莊嚴菩提之道。菩薩爲欲調伏衆生令離苦惱故修禪定。修禪定者善攝其心。一切亂想不令妄干。行住坐臥係念在前。逆順觀察髑髏項脊臂肘胸脇髖髀脛腂安般數息。是名菩薩初修定心。修禪定故。不受衆惡心常悅樂。是名自利。教化衆生令修正念。是名利他。以己所修清淨三昧離惡覺觀。化諸衆生令同己利。是名俱利。因修禪定。獲得八解乃至首楞嚴金剛三昧。是名莊嚴菩提之道。禪定由三法生。云何爲三。一從聞慧。二從思慧。三從修慧。從是三法漸漸而生一切三昧。云何聞慧。如所聞法心常愛樂。復作是念。無礙解脫等諸佛法。要因多聞而得成就。作是念已。於一切求法時轉加精勤。日夜常樂聽法無有厭足。是名聞慧。云何思慧。思念觀察一切有爲法如實相。所謂無常苦空無我不淨。念念生滅不久敗壞。而諸衆生憂悲苦惱憎愛所繫。但爲貪恚癡火所然。增長後世苦惱大聚。無有實性猶如幻化。見如是已。於一切有爲法卽生厭離。轉加精勤趣佛智慧。思惟如來智慧不可思議不可稱量。有大勢力無能勝者。能至無畏安隱大城不復轉還。能救無量苦惱衆生。如是知見佛無量智。見有爲法無量苦惱。志願進求無上大乘。是名思慧。云何修慧。從初覺觀乃至阿耨多羅三藐三菩提。皆名修慧。離欲不善法。有覺有觀。離生喜樂。入初禪。滅覺觀。內淸淨。心一處無覺無觀。定生喜樂。入二禪。離喜故行捨。心念安慧。身受樂。諸賢聖能說能捨。常念受樂入三禪。斷苦斷樂故。先滅憂喜故。不苦不樂。行捨念淨。入四禪。過一切色相。滅一切有對相。不念一切別異相故。知無邊虛空。即入虛空無色定處。過一切虛空相。知無邊識。即入無色識定處。過一切識相。知無所有。即入無所有無色定處。過一切無所有處。知非有想非無想。安隱即入無色非有想非無想處。但隨順諸法行故而不樂著。求無上乘成最正覺。是名修慧。菩薩從是聞思修慧。精勤攝心。則能成就通明三昧禪波羅蜜。復次菩薩修定。復有十法行。不與聲聞辟支佛共。何等十。一者修定無有吾我。具足如來諸禪定故。二者修定不味不著。捨離染心不求己樂故。

三者修定具諸通業。爲知衆生諸心行故。四者修定爲知衆心。度脫一切諸衆生故。五者修定行於大悲。斷諸衆生煩惱結故。六者修定諸禪三昧。善知入出過於三界故。七者修定常得自在。具足一切諸善法故。八者修定其心寂滅。勝於二乘諸禪三昧故。九者修定常入智慧過諸世間到彼岸故。十者修定能與正法。紹隆三寶使不斷絕故。如是定者。不與聲聞辟支佛共。復次爲知一切衆生煩惱心故。是故修習諸禪定法助成住心。令此禪定住平等心。是名爲定。如是等定。則等於空無相無願無作。空無相無願無作等者則衆生等。衆生等者則諸法等。入如是等是名爲定。復次菩薩雖隨世行不雜於世。捨世八法滅一切結遠離憒鬧樂於獨處。菩薩如是修行禪定。心安止住離世所作。復次菩薩修定。具諸通智方便慧故。云何爲通。云何爲智。若見色相若聞音聲。若知他心若念過去。若能遍至諸佛世界。是名爲通。若知色即法性。解了音聲。心行。性相寂滅三世平等。知諸佛界同虛空相而不證滅盡。是名爲智。云何方便云何爲慧。入禪定時生大慈悲不捨誓願。心如金剛。觀諸佛世界。莊嚴菩提道場。是名方便。其心永寂無我無衆生。思惟諸法本性不亂。見諸佛界同於虛空。觀所莊嚴同於寂滅是名爲慧。是名菩薩修行禪定通智方便智慧差別。四事俱行。得近阿耨多羅三藐三菩提。菩薩摩訶薩修行禪定。無餘惡心。以不動法故。是則具足禪那波羅蜜。

般若波羅蜜品第九

云何菩薩修習智慧。智慧若爲自利他利及二俱利。如是智慧。則能莊嚴菩提之道。菩薩爲欲調伏衆生令離苦惱故修智慧。修智慧者。悉學一切世間之事。捨貪瞋癡建立慈心。憐愍饒益一切衆生。常念拔濟爲作將導。能分別說邪道正道及善惡報。是名菩薩初智慧心。修智慧故遠離無明。除煩惱障及智慧障是名自利。教化衆生令得調伏。是名利他。以己所修無上菩提。化諸衆生令同己利。是名俱利。因修智慧獲得初地乃至薩婆若智。是名莊嚴菩提之道。菩薩修行智慧。有二十心能漸建立。何謂二十。當發善欲親近善友心。捨離憍慢不放逸心。隨順教誨樂聽法心。聞法無厭善思惟心。行四梵行修正智心。觀不淨行生厭離心。觀四眞諦十六聖心。觀十二因緣修明慧心。聞諸波羅蜜念欲修習心。觀無常苦無我寂滅心。觀空無相無願無作心。觀陰界入多過患心。降伏煩惱非伴侶心。護諸善法自伴侶心。抑制惡法令除斷心。修習正法令增廣心。雖修二乘常捨離心。聞菩薩藏樂奉行心。自利利他隨順增進諸善業心。持眞實行求一切佛法心。復次菩薩修行智慧。復有十法善思惟心。不與聲聞辟支佛共。何謂爲十。思惟分別定慧根本。思惟不捨斷常二邊。思惟因緣生起諸法。思惟無衆生我人壽命。思惟無三世去來住法。思惟無發行而不斷因果。思惟法空而植善不懈。思惟無相而度衆生不廢。思惟無願而求菩提不離。思惟無作而現受身不捨。復次菩薩復有十二善入法門。何謂十二。善入空等三昧而不取證。善入諸禪三昧而不隨禪生。善入諸通智而不證無漏法。善入內觀法而不證決定。善入觀一切衆生空寂而不捨大慈。善入觀一切衆生無我而不捨大悲。善入生諸惡趣而非業故生。善入離欲而不證離欲法。善入捨所欲樂而不捨法樂。善入捨一切戲論諸覺而不捨方便諸觀。善入思量有爲法多過患而不捨有爲。善入無爲法清淨遠離而不住無爲。菩薩能修一切善入法門。卽能善解三世空無所有。若作是觀。觀三世空智慧力故。若於三世諸佛所種無量功德。悉以迴向無上菩提。是名菩薩善觀三世方便。復次雖見過去盡法不至未來。而常修善根精勤不懈。觀未來法雖無生出。不捨精進願向菩提。觀現在法雖念念滅。其心不忘發趣菩提。是名菩薩觀三世方便。過去已滅未來未至現在不住。雖如是觀心心數法生滅散壞。而常不捨聚集善根助菩提法。是名菩薩觀三世方便。
復次菩薩觀一切善不善我無我。實不實空不空。世諦眞諦正定邪定。有爲無爲有漏無漏。黑法白法生死涅槃。如法界性一相無相此中無法可名無相。亦無有法以爲無相。是則名爲一切法印不可壞印。於是印中亦無印相。是名眞實智慧方便般若波羅蜜。發菩提心菩薩摩訶薩。應如是學。應如是行。如是行者即近阿耨多羅三藐三菩提。菩薩摩訶薩修行智慧心無所行。法性淨故是則具足般若波羅蜜。

如實法門品第十

若善男子善女人。修習六波羅蜜。求阿耨多羅三藐三菩提者。應離七法。何等爲七。一者離惡知識。惡知識者。所謂教人捨離上信上欲上精進集衆雜行。二者離於女色。貪著嗜欲。狎習世人而與執事。三者離於惡覺。自觀形容貪惜愛重。染著守護謂可久保。四者離於瞋恚暴慢嫉忌。興起諍訟壞亂善心。五者離於放逸憍慢懈怠。自恃小善輕懱於人。六者離於外道書論及世俗文頌綺飾言辭。非佛所說不應讚誦。七者不應親近邪見惡見。如是七法所應遠離。如來說言。不見更有餘法深障佛道。如此七法。是故菩薩應當遠離。若欲疾得無上菩提。當修七法。何謂爲七。一者菩薩當親近善知識。善知識者。所謂諸佛及諸菩薩若聲聞人。能令菩薩住深法藏諸波羅蜜。亦是菩薩善知識也。二者菩薩應當親近出家。亦當親近阿蘭若法。離於女色及諸嗜欲。不與世人而共從事。三者菩薩應當自觀。形如糞土但盛臭穢。風寒熱血無可貪著。日當就死宜思厭離精勤修道。四者菩薩應當常行和忍恭敬柔順。亦勸他人令住忍中。五者菩薩應當修習精進常生慚愧。敬奉師長憐愍窮下。見危苦者以身代之。六者菩薩應當修習方等大乘諸菩薩藏。佛所讚法受持讀誦。七者菩薩應當親近修習第一義諦。所謂實相一相無相。若諸菩薩欲疾逮得無上菩提。應當親近如是七法。復次若人發菩提心。以有所得於無量阿僧祇劫。修習慈悲喜捨布施持戒忍辱精進禪定智慧。當知是人不離生死不向菩提。何以故。有所得心及諸得見。陰界入見我見人見衆生見壽命見。慈悲喜捨施戒忍進定智等見。取要言之。佛法僧見及涅槃見。如是有所得見卽是執著心。執著者。是名邪見。所以者何。邪見之人輪轉三界永離出要。是執著者亦復如是。永離出要。終不能得阿耨多羅三藐三菩提。若人發菩提心。應當觀察是心空相。何等是心。云何空相。心名意識。卽是識陰意入意界。心空相者。心無心相亦無作者。何以故。是心相空無有作者。無使作者。若無作者則無作相。若菩薩解了如是法者。於一切法卽無執著。無執著故於諸善惡解無果報。於所習慈了無有我。於所習悲了無衆生。於所習喜了無有命。於所習捨了無有人。雖行布施不見施物。雖行持戒不見淨心。雖行忍辱不見衆生。雖行精進無離欲心。雖行禪定無除惡心。雖行智慧。心無所行。於一切緣皆是智慧。而不著智慧。不得智慧。不見智慧。行者如是修行智慧。而無所修亦無不修。爲化衆生現行六度而內淸淨。行者如是善修其心。於一念頃所種善根。福德果報無量無邊。百千萬億阿僧祇劫不可窮盡。自然得近阿耨多羅三藐三菩提。

空無相品第十一

往昔一時佛在迦蘭陀竹林。與諸大衆無量集會。爾時世尊頒宣正法。告諸大衆。如來所說諸法無性空。無所有一切世間所難信解。何以故。色無縛無解。受想行識無縛無解。色無相離諸相。受想行識無相離諸相。色無念離諸念。受想行識無念離諸念。眼色耳聲鼻香舌味身觸意法亦復如是。無取無捨無垢無淨。無去無來無向無背。無闇無明無癡無慧。非此岸非彼岸非中流。是名無縛。無縛故空。空名無相。無相亦空。是名爲空。空名無念。無念亦空。是名爲空。空中無善無惡。乃至亦無空相。是故名空。菩薩若如是知陰界入性卽不取著。是名法忍。菩薩以是忍故。得受記忍。諸佛子。譬如有人仰書虛空。悉寫如來十二部經。經無量劫佛法已滅。求法之人無所見聞。衆生顚倒造惡無邊。復有他方淨智慧人。

憐愍衆生廣求佛法。行到於此見空中字。文畫分明即便識之。讀誦受持如所說行。廣演分別利益衆生。此書空者識空字人可思議不。而得宣傳修習受持引導衆生令離繫縛。諸佛子。如來說言。過去世時求菩提道。得值三十三億九萬八千諸佛。爾時皆爲轉輪聖王。以一切樂具。供養諸佛及弟子衆。以有所得故不得受記。於後復值八萬四千億九萬辟支佛。亦以四事盡形供養。過是已後。復值六百二十萬一千二百六十一佛。爾時皆爲轉輪聖王。以一切樂具盡形供養。諸佛滅後起七寶塔供養舍利。後佛出世奉迎勸請轉正法輪供養如是百千萬億諸佛。是諸如來皆於空法中說諸法相。以有所得故亦不得受記。如是展轉乃至得值然燈佛興。見佛聞法卽得一切無生法忍。得是忍已乃得受記。然燈如來於空法中說諸法相。度脫無量百千衆生而無所說亦無所度。牟尼世尊興出於世。於空法中說有文字。示教利喜普得受行。而無所示亦無受行。當知是法性相盡空。書者亦空識者亦空。說者亦空解者亦空。從本來空未來亦空現在亦空。而諸菩薩積集萬善方便力故精勤不懈功德成滿。得阿耨多羅三藐三菩提。此實甚難不可思議。於無法中說諸法相。於無得中說有得法。如此之事諸佛境界。以無量智乃可得解。非是思量所能得知。新發意菩薩誠心敬仰愛樂菩提。信佛語故漸能得入。云何爲信。信觀四諦。除諸煩惱妄見結縛得阿羅漢。信觀十二因緣。滅除無明生起諸行得辟支佛。信修四無量心六波羅蜜得阿耨多羅三藐三菩提。是名信忍。衆生於無始生死妄想執著不見法性。當先觀察自身五陰假名衆生。是中無我無有衆生。何以故。若有我者我應自在。而諸衆生常爲生老病死之所侵害不得自在。當知無我。無我即無作者。無作者亦無受者。法性清淨如實常住。如是觀察未能究竟。是名順忍。

菩薩修信順忍已。不久當成最上法忍。

功德持品第十二

菩薩具足修無相心。而心未嘗住於作業是菩薩於諸業相知而故作。爲修善根求菩提故不捨有爲。爲諸衆生修大悲故不住無爲。爲一切佛眞妙智故不捨生死。爲度無邊衆生令無餘故不住涅槃是名菩薩摩訶薩深心求阿耨多羅三藐三菩提。諸佛子。菩薩成就十法。終不退失無上菩提。何謂爲十。一者菩薩深發無上菩提之心。教化衆生亦令發心。二者常樂見佛以己所珍奉施供養深種善根。三者爲求法故以尊敬心供養法師聽法無厭。四者若見比丘僧壞爲二部。互起諍訟共相過惡。勤求方便令其和合。五者若見國土邪惡增上佛法欲壞。能讀誦說乃至一偈令法不絕。專心護法不惜身命。六者見諸衆生恐畏苦惱。爲作救護施以無畏。七者發勤修行求如是等方等大乘甚深經法諸菩薩藏。八者得是法已受持讀誦。如所說行如所說住。九者自住於法。亦能勸導令多衆生入是法中。十者入法中已能爲解說．示教利喜開悟衆生。菩薩成就如是十法。於無上菩提終不退失。菩薩應當如是修行此經。如是經典不可思議。所謂能生一切大慈悲種。是經能開悟引導具縛衆生令發其心。是經能爲向菩提者而作生因。是經能成一切菩薩無動之行。是經能爲過去未來現在諸佛之所護念。若有善男子善女人。欲勤修習無上菩提。當廣宣流布如是經典。於閻浮提使不斷絕。令無量無邊衆生得聞是經。若有善男子善女人聞是經者。是諸人等悉得猛利不可思議大智慧聚。不可稱量福德果報。所以者何。是經能開無量淸淨慧眼。能使佛種相續不斷。能救無量苦惱衆生。能照一切無明癡闇。能破四魔及諸魔業。能壞一切外道邪見。能滅一切煩惱大火。能消因緣生起諸行。能斷慳貪破戒瞋恚懈怠亂意愚癡六極重病。能除業障報障法障煩惱障諸見障無明障智障習障。取要言之。此經能令一切惡法消滅無餘。能令一切善法熾然增長。若有善男子善女人。聞是經已。歡喜愛樂生希有心。當知是人以曾供養無量諸佛深種善根。所以者何。此經是三世諸佛之所履行。是故行者得聞是經。當自慶幸獲大善利。若有書寫讀誦此經。當知此人所獲福報無量無邊。所以者何。此經所緣無邊故。興發無量大誓願故。攝受一切諸衆生故。莊嚴無上大菩提故。所獲福德亦復如是無有限量。若能解其義趣如說修行。一切諸佛於阿僧祇劫。以無盡智說其福報。亦不能盡。若有法師說是經處。當知是中便應起塔。何以故。是眞實正法所出生處故。是經隨在國土城邑聚落寺廟精舍。當知是中卽有法身。若人供養香華妓樂懸繒幡蓋歌唄讚歎合掌恭敬。當知是人已紹佛種。況復具足受持經者。是諸人等成就功德智慧莊嚴。於未來世當得受記。決定當成阿耨多羅三藐三菩提。

發菩提心論卷下終

音釋

髑髏（髑徒谷切 髏落侯切）肘（陟柳切 臂節也）臗（苦官切 尻也）䏶（傍禮切 股也）脛（胡定

切[illegible]屣也 踝胡瓦切腿所傍也 憒古對切心亂也 唄蒲拜切梵音也

無量壽經往生三輩。及觀經上品。俱以發菩提心爲本。菩提心者。無量壽願王所由建立。亦盡十方三世一切諸佛。所從出生也。欲求生無量壽佛國。而不發菩提心。則不爲諸佛之所護念。不克現生見佛。以與無量壽願王不相應故。與一切諸佛最初發心不相似故。予既錄天親無量壽經論。激勸往生。復從藏中檢得發菩提心論一卷。其中所列十大正願。與願生偈。大旨略同。而前後包孕事理廣攝大乘諸經究竟第一義諦。有志淨業者。其熟復而審思之。則菩提心之發。當有沛然莫禦者。以之回向蓮邦。上品華臺。如立竿而取影耳。一行道人彭際清書。

勸發菩提心文

古杭梵天寺沙門實賢撰

不肖。愚下凡夫僧實賢。泣血稽顙。哀告現前大衆。及當世淨信男女等。唯願慈悲。少加聽察。嘗聞入道要門。發心爲首。修行急務。立願居先。願立則衆生可度。心發則佛道堪成。苟不發廣大心。立堅固願。則縱經塵劫。依然還在輪回。雖有修行。總是徒勞辛苦。故華嚴經云。忘失菩提心。修諸善法。是名魔業。忘失尚爾。況未發乎。故知欲學如來乘。必先具發菩薩願。不可緩也。然心願差別其相乃多。若不指陳。如何趣向。今爲大衆略而言之。相有其八。所謂邪正眞僞大小偏圓是也。云何名爲邪正眞僞大小偏圓耶。世有行人。一向修行不究自心。但知外務。或求利養。或好名聞。或貪現世欲樂。或望未來果報。如是發心。名之爲邪。既不求利養名聞。又不貪欲樂果報。唯爲生死。爲菩提。如是發心。名之爲正。念念上求佛道。心心下化衆生。聞佛道長遠。不生退怯。觀衆生難度。不生厭倦。如登萬仞之山。必窮其頂。如上九層之塔。必造其顚。如是發心。名之爲眞。有罪不懺。有過不除。內濁外淸。始勤終怠。雖有好心。多爲名利之所夾雜。雖有善法。復爲罪業之所染污。如是發心。名之爲僞。衆生界盡。我願方盡。菩提道成。我願方成。如是發心。名之爲大。觀三界如牢獄。視生死如寃家。但期自度。不欲度人。如是發心。名之爲小。若於心外見有衆生。及以佛道願度願成功勛不忘。知見不泯。如是發心。名之爲偏。若知自性是衆生。故願度脫。自性是佛道。故願成就。不見一法離心別有。以虛空之心。發虛空之願。行虛空之行。證虛空之果。亦無虛空之相可得。如是發心。名之爲圓。知此八種差別。則知審察。知審察。則知去取。知去取。則可發心。云何審察。謂我所發心。於此八中。爲邪爲正。爲眞爲僞。爲大爲小。爲偏爲圓。云何去取。所謂去邪去僞。去小去偏。取正取眞。取大取圓。如此發心。方得名爲眞正發菩提心也。此菩提心。諸善中王。必有因緣。方得發起。今言因緣略有十種。何等爲十。一者念佛重恩故。二者念父母恩故。三者念師長恩故。四者念施主恩故。五者念衆生恩故。六者念死生苦故。七者尊重己靈故。八者懺悔業障故。九者求生淨土故。十者爲念正法得久住故。

云何念佛重恩。謂我釋迦如來最初發心。爲我等故行菩薩道。經無量劫。備受諸苦。我造業時。佛則哀憐。方便教化。而我愚癡。不知信受。我墮地獄。佛復悲痛。欲代我苦。而我業重。不能救拔。我生人道。佛以方便令種善根。世世生生隨逐於我。心無暫捨。佛初出世。我尚沈淪。今得人身。佛已滅度。何罪而生末法。何福而預出家。何障而不見金身。何幸而躬逢舍利。如是思惟。向使不種善根。何以得聞佛法。不聞佛法。焉知常受佛恩。此恩此德。邱山難喻。自非發廣大心。行菩薩道。建立佛法。救度衆生。縱使粉骨碎身。豈能酬答。是爲發菩提心第一因緣也。云何念父母恩。哀哀父母。生我劬勞。十月三年。懷胎乳哺。推乾去溼。嚥苦吐甘。才得成人。指望紹繼門風。供承祭祀。今我等既已出家。濫稱釋子。忝號沙門。甘旨不供。祭埽不給。生不能養其口體。死不能導其神靈。於世間則爲大損。於出世又無實益。兩途既失。重罪難逃。如是思惟。唯有百劫千生常行佛道。十方三世普度衆生。則不唯一生父母。生生父母俱蒙拔濟。不唯一人父母。人人父母盡可超昇。是爲發菩提心第二因緣也。云何念師長恩。父母雖能生育我身。若無世間師長。則不知禮義。若無出世師長。則不解佛法。不知禮義。則同於異類。不解佛法。則何異俗人。今我等粗知禮義。略解佛法。袈裟被體。戒品沾身。此之重恩。從師長得。若求小果。僅能自利。今爲大乘。普願利人。則世出世間二種師長俱蒙利益。是爲發菩提心第三因緣也。云何念施主恩。謂我等今者日用所資。並非己有。三時粥飯。四季衣裳。疾病所須。身口所費。此皆出自他力。將爲我用。彼則竭力躬耕。尙難餬口。我則安坐受食。猶不稱心。彼則紡織不已。猶自艱難。我於安服有餘。寧知愛惜。彼則蓽門蓬戶。擾攘終身。我則廣宇閒庭。優悠卒歲。以彼勞而供我逸。於心安乎。將他利而潤己身。於理順乎。自非悲智雙運。福慧二嚴。檀信沾恩。衆生受賜。則粒米寸絲。酬償有分。惡報難逃。是爲發菩提心第四因緣也。云何念衆生恩。謂我與衆生。從曠劫來。世世生生。互爲父母。彼此有恩。

今雖隔世昏迷。互不相識。以理推之。豈無報効。今之披毛帶角。安知非昔爲其子乎。今之蝡動蜎飛。安知不曾爲我父乎。每見幼離父母。長而容貌都忘。何況宿世親緣。今則張王難記。彼其號呼於地獄之下。宛轉於餓鬼之中。苦痛誰知。飢虛安訴。我雖不見不聞。彼必求拯求濟。非經不能陳此事。非佛不能道此言。彼邪見人何足以知此。是故菩薩觀於螻蟻。皆是過去父母。未來諸佛。常思利益。念報其恩。是爲發菩提心第五因緣也。云何念生死苦。謂我與衆生。從曠劫來。常在生死。未得解脫。人間天上。此界他方。出沒萬端。昇沈片刻。俄焉而天。俄焉而人。俄焉而地獄畜生餓鬼。黑門朝出而暮還。鐵窟暫離而又入。登刀山也。則舉體無完膚。攀劍樹也。則方寸皆割裂。熱鐵不除飢。吞之則肝腸盡爛。洋銅難療渴。飲之則骨肉都糜。利鋸解之。則斷而復續。巧風吹之。則死已還生。猛火城中。忍聽叫嘷之慘。煎熬盤裏。但聞苦痛之聲。冰凍始凝。則狀似青蓮蘂結。血肉既裂。則身如紅藕華開。一夜死生。地下每經萬徧。一朝苦痛。人間已過百年。頻煩獄卒疲勞。誰信閻翁教誡。受時知苦。雖悔恨以何追。脫已還忘。其作業也如故。鞭驢出血。誰知吾母之悲。牽豕就屠。焉識乃翁之痛。食其子而不知。文王尙爾暾其親而未識。凡類皆然。當年恩愛。今作寃家。昔日寇讐。今成骨肉。昔爲母而今爲婦。舊是翁而新作夫。宿命知之。則可羞可恥。天眼視之。則可笑可憐。糞穢叢中。十月包藏難過。膿血道裏。一時倒下可憐。少也何知。東西莫辨。長而有識。貪欲便生。須臾而老病相尋。迅速而無常又至。風火交煎。神識於中潰亂。精血既竭。皮肉自外乾枯。無一毛而不被針鑽。有一竅而皆從刀割。龜之將烹。其脫殼也猶易。神之欲謝。其去體也倍難。心無常主。類商賈而處處奔馳。身無定形。似房屋而頻頻遷徙。大千塵點。難窮往返之身。四海波濤。孰計別離之淚。

巍巍積骨。過彼崇山。莽莽橫尸。多於大地。向使不聞佛語。此事誰見誰聞。未覩佛經。此理焉知焉覺。其或依前貪戀。仍舊癡迷。祇恐萬劫千生。一錯百錯。人身難得而易失。良時易往而難追。道路冥冥。別離長久。三途惡報。還自受之。痛不可言。誰當相代。與言及此。能不寒心。是故宜應斷生死流。出愛欲海。自他兼濟。彼岸同登。曠劫殊勛。在此一舉。是爲發菩提心第六因緣也。云何尊重己靈。謂我現前一心。直下與釋迦如來無二無別。云何世尊無量劫來早成正覺。而我等昏迷顚倒。尙做凡夫。又佛世尊則具有無量神通智慧。功德莊嚴。而我等則但有無量業繫煩惱。生死纏縛。心性是一。迷悟天淵。靜言思之。豈不可恥。譬如無價寶珠。沒在淤泥。視同瓦礫。不加愛重。是故宜應以無量善法對治煩惱。修德有功。則性德方顯。如珠被濯。懸在高幢。洞達光明。映蔽一切。可謂不孤佛化。不負己靈。是爲發菩提心第七因緣也。云何懺悔業障。經言犯一吉羅。如四天王壽五百歲墮泥犂中。吉羅小罪。尚獲此報。何況重罪。其報難言。今我等日用之中。一舉一動。恆違戒律。一餐一水。頻犯尸羅。一日所犯亦應無量。何況終身歷劫。所起之罪更不可言矣。且以五戒言之。十人九犯。少露多藏。五戒名爲優婆塞戒。尚不具足何況沙彌比丘菩薩等戒。又不必言矣。問其名。則曰我比丘也。問其實。則尚不足爲優婆塞也。豈不可愧哉。當知佛戒不受則已。受則不可毀犯。不犯則已。犯則終必墮落。若非自愍愍他。自傷傷他。身口併切。聲淚俱下。普與衆生求哀懺悔。則千生萬劫惡報難逃。是爲發菩提心第八因緣也。云何求生淨土。謂在此土修行。其進道也難。彼土往生。其成佛也易。易故一生可致。難故累劫未成。是以往聖前賢。人人趣向。千經萬論。處處指歸。末世修行。無越於此。然經稱少善不生。多福乃致。言多福。則莫若執持名號。言多善。則莫若發廣大心。是以暫持聖號。勝於布施百年。一發大心。超過修行歷劫。蓋念佛本期作佛。大心不發。則雖念奚爲。發心原爲修行。淨土不生。則雖發易退。是則下菩提種。耕以念佛之犂。道果自然增長。乘大願船。入於淨土之海。西方決定往生。是爲發菩提心第九因緣也。云何令正法久住。謂我世尊無量劫來。爲我等故。修菩提道。難行能行。難忍能忍。因圓果滿。遂致成佛。旣成佛已。化緣周訖。入於涅槃。正法像法。皆已滅盡。僅存末法。有教無人。邪正不分。是非莫辨。競爭人我。盡逐利名。舉目滔滔。天下皆是。不知佛是何人。法是何義。僧是何名。衰殘至此。

殆不忍言。每一思及。不覺淚下。我爲佛子。不能報恩。內無益於己。外無益於人。生無益於時。死無益於後。天雖高。不能覆我。地雖厚。不能載我。極重罪人。非我而誰。由是痛不可忍。計無所出。頓忘鄙陋。忽發大心。雖不能挽回末運於此時。決當圖護持正法於來世。是故偕諸善友。同到道場。迹爲懺摩。建茲法會。發四十八之大願。願願度生。期百千劫之深心。心心作佛。從於今日。盡未來際。畢此一形。誓歸安養。既登九品。回入娑婆。俾得佛日重輝。法門再闡。僧海澄清於此界。人民被化於東方。劫運爲之更延。正法得以久住。此則區區眞實苦心。是爲發菩提心第十因緣也。如是十緣備識。八法周知。則趣向有門。開發有地。相與得此人身。居於華夏。六根無恙。四大輕安。具有信心。幸無魔障。況今我等。又得出家。又受具戒。又遇道場。又聞佛法。又瞻舍利。又修懺法。又值善友。又具勝緣。不於今日發此大心。更待何日。唯願大衆。愍我愚誠。憐我苦志。同立此願。同發是心。未發者今發。已發者增長。已增長者今令相續。勿畏難而退怯。勿視易而輕浮。勿欲速而不久長。勿懈怠而無勇猛。勿委靡而不振起。勿因循而更期待。勿因愚鈍而一向無心。勿以根淺而自鄙無分。譬諸種樹。種久則根淺而日深。

又如磨刀。磨久則刀鈍而成利。豈可因淺勿種。任其自枯。因鈍弗磨。置之無用。又若以修行爲苦。則不知懈怠尤苦。修行則勤勞暫時。安樂永劫。懈怠則偷安一世。受苦多生況乎以淨土爲舟航。則何愁退轉。又得無生爲忍力。則何慮艱難。當知地獄罪人。尚發菩提於往劫。豈可人倫佛子。不立大願於今生。無始昏迷。往者既不可諫。而今覺悟。將來猶尚可追。然迷而未悟。固可哀憐。苟知而不行。尤爲痛惜。若懼地獄之苦。則精進自生。若念無常之速。則懈怠不起。又須以佛法爲鞭策。善友爲提攜。造次弗離。終身依賴。則無退失之虞矣。勿言一念輕微。勿謂虛願無益。心眞則事實願廣則行深。虛空非大。心王爲大。金剛非堅。願力最堅。大衆誠能不棄我語。則菩提眷屬從此聯姻。蓮社宗盟自今締好。所願同生淨土。同見彌陀同化衆生。同成正覺。則安知未來三十二相。百福莊嚴。不從今日發心立願而始也。願與大衆共勉之。幸甚幸甚。

勸發菩提心文終

徹悟禪師語錄卷上

嗣法門人了亮等集

示衆

普說

一切法門。以明心爲要。一切行門。以淨心爲要。然則明心之要。無如念佛。憶佛念佛。現前當來必定見佛。不假方便。自得心開。如此念佛。非明心之要乎。復次淨心之要。亦無如念佛。一念相應。一念佛。念念相應。念念佛。淸珠下於濁水。濁水不得不淸。佛號投於亂心。亂心不得不佛。如此念佛。非淨心之要乎。一句佛號。俱攝悟修兩門之要。舉悟則信在其中。舉修則證在其中。信解修證。俱攝大小諸乘。一切諸經之要。罄無不盡。然則一句彌陀。非至要之道乎。

吾人現前一念之心。全眞成妄。全妄卽眞。終日不變。終日隨緣。夫不隨佛界之緣而念佛界。便念九界。不念三乘。便念六凡。不念人天。便念三途。不念鬼畜。便念地獄。以凡在有心。不能無念。以無念心體。唯佛獨證。自等覺已還。皆悉有念。凡起一念。必落十界。更無有念出十界外。以十法界更無外故。每起一念。爲一受生之緣。果知此理。而不念佛者。未之有也。若此心能與平、等大慈大悲依正功德。以及萬德洪名相應。卽念佛法界也。能與菩提心六度萬行相應。卽念菩薩法界也。以無我心與十二因緣相應。卽念緣覺法界也。以無我心觀察四諦。卽念聲聞法界也。或與四禪八定。以及上品十善相應。卽念天法界也。若與五戒相應。卽念人法界也。若修戒善等法。兼懷瞋慢勝負之心。卽落修羅法界。若以緩輭心。念下品十惡。卽墮畜生法界。或以緩急相半心。與中品十惡相應。便墮餓鬼法界。若以猛熾心。與上品十惡相應。卽墮地獄法界也。十惡者。卽殺。盜。婬。妄言。綺語。惡口兩舌。貪。瞋。邪見是。反此則爲十善。當密自檢點日用所起之念。與何界相應者多。與何界相應者猛。則他日安身立命之處。不勞更問人矣。

一切境界。唯業所感。唯心所現。即其現處。當體即心。凡在有心。不能無境。不現佛境。便現九界之境。不現三乘之境。便現六凡之境。不現天人鬼畜之境。便現地獄境界。佛及三乘所現境界。雖有優降不同要皆受享法樂而已。三界諸天所現之境。但唯受用禪定五欲之樂。人道之境。苦樂相間。各隨其業。多少不同。鬼畜之境。苦多樂少。至於地獄。則純一極苦。如人夢中所見山川人物。

皆依夢心所現。若無夢心。必無夢境。設無夢境。亦無夢心。故知心外無境。境外無心。全境卽心。全心卽境。若於因中察果。當須觀心。設於果處驗因。當須觀境。故曰未有無心境。曾無無境心。果必從因。因必克果。苟眞知此心境因果一如不二之理。而猶不念佛求生淨土者。吾不信也。

眞爲生死。發菩提心。以深信願。持佛名號。十六字爲念佛法門一大綱宗。若眞爲生死之心不發。一切開示皆爲戲論。世間一切重苦。無過生死。生死不了。生死死生。生生死死。出一胞胎。入一胞胎。捨一皮袋。取一皮袋。苦已不堪。況輪回未出。難免墮落。豬胞胎。狗胞胎。何所不鑽。驢皮袋。馬皮袋。何所不取。此箇人身。最爲難得。最易打失。一念之差。便入惡趣。三途易入而難出。地獄時長而苦重。七佛以來。猶爲蟻子。八萬劫後。未脫鴿身。畜道時長已極。鬼獄時長尤倍。久經長劫。何了何休。萬苦交煎。無歸無救。每一言之。衣毛卓豎。時一念及。五內如焚。是故即今痛念生死。如喪考妣。如救頭然也。然我有生死。我求出離。而一切衆生皆在生死。皆應出離。彼等與我本同一體。皆是多生父母。未來諸佛。若不念普度。唯求自利。則於理有所虧。心有未安。況大心不發。則外不能感通諸佛。內不能契合本性。上不能圓成佛道。下不能廣利羣生。無始恩愛何以解脫。無始怨懟何以解釋。積劫罪業難以懺除。積劫善根難以成熟。隨所修行。多諸障緣。縱有所成。終墮偏小。故須稱性發大菩提心也。然大心既發。應修大行。而於一切行門之中。求其最易下手。最易成就。至極穩當。至極圓頓者。則無如以深信願持佛名號矣。所謂深信者。釋迦如來梵音聲相。決無誑語。彌陀世尊大慈悲心。決無虛願。且以念佛求生之因。必感見佛往生之果。如種瓜得瓜。種豆得豆。響必應聲。影必隨形。因不虛棄。果無浪得。此可不待問佛而能自信者也。況吾人現前一念心性。全眞成妄。全妄卽眞。終日隨緣。終日不變。橫徧豎窮。當體無外。彌陀淨土。總在其中。以我具佛之心。念我心具之佛。豈我心具之佛。而不應我具佛之心耶。往生傳載臨終瑞相。班班列列。豈欺我哉。如此信已。願樂自切。以彼土之樂。回觀娑婆之苦。厭離自深。如離厠坑。如出牢獄。以娑婆之苦。遙觀彼土之樂。欣樂自切。如歸故鄉。如奔寶所。總之如渴思飲。如飢思食。如病苦之思良藥。如嬰兒之思慈母。如避怨家之持刀相迫。如墮水火而急求救援。果能如此懇切。一切境緣。莫能引轉矣。然後以此信願之心。執持名號。持一聲是一九蓮種子。念一句是一往生正因。直須心心相續。念念無差。唯專唯勤。無雜無間。愈久愈堅。轉持轉切。久之久之。自成片段。入一心不亂矣。誠然如此。若不往生者。釋迦如來便爲誑語。彌陀世尊便爲虛願。有是理乎哉。

觀經是心作佛是心是佛二語。較之禪宗直指人心見性成佛。尤爲直截痛快。何也以見性難而作佛易故。何爲見性。離心意識。靈光迸露。始爲見性。故難。何爲作佛。持佛名號。觀佛依正。卽爲作佛。故易。經云。汝等心想佛時。是心卽是三十二相八十種好。豈非以想念於佛。卽爲作佛耶。夫成佛是佛。理無二致。而見性作佛。難易相懸若是。豈非念佛較之參禪。尤爲直截痛快也哉。一是祖語。一是佛言。何重何輕。何取何捨。學者但當盡捨舊習。虛其心。平其氣。試一玩味而檢點之。當必首肯是說爲不謬矣。

石霜遷化。衆擧泰首座繼席住持。時九峯虔爲侍者。乃曰。若繼住持。須明先師意。泰曰。先師有甚麼意。我會不得。虔曰。先師尋常教人休去歇去。冷湫湫地去。古廟香爐去。一條白練去。萬年一念去。其餘則不問。如何是一條白練去。泰云。此但明一色邊事。虔曰。原來未會先師意。泰云。裝香來。香煙盡處。我若去不得。卽不會先師意。

左右卽裝香。香煙未盡。泰卽化去。虔撫其背曰。坐脫立

亡卽不無。先師意未夢見在。曹山堂上坐。紙衣道者從

堂下過。山曰。莫是紙衣道者麼。衣曰。不敢。山曰。如何是

紙衣下事。衣曰。一裘纔挂體。萬法悉皆如。山曰。如何是

紙衣下用。衣曰諾。便化去。山曰。汝祇解恁麼去。不解恁

麼來。衣復開目問曰。一靈眞性不假胞胎時如何。山曰。

未是妙。夫坐脫立亡。未明大法。固非了事。然其造詣工

夫。殊非易易。果能回此一段精神。專心念佛。求生淨土。

當必穩得上品上生。豈更遭人檢點哉。如紙衣進問。如

何是妙。山答云。不借借。衣便珍重化去。噫。與其不借而借臭穢胞胎。何如不借而借香潔蓮華。直以胞胎臭穢蓮華香潔而論。已自勝劣懸殊。況出胎隔陰。作主大難。而蓮胞一敷。勝緣具足。此則日劫相懸。天地不足以喻其否泰矣。無怪乎永明大師謂。有禪無淨土。十人九錯路。無禪有淨土。萬修萬人去。此眞語也。實語也。大慈悲心淚出痛腸之語也。學者幸勿忽諸。

最初迷眞起妄。則曰一念妄動。末後返妄歸眞。則曰一念相應。是則起妄之後。歸眞之前。更有何法。能外此一念乎。是故一念悟隨淨緣。即佛法界。迷隨染緣。即九法界。十方虛空。是此一念迷昧。一切國土。是此一念澄凝。四生正報。是此一念情想合離。四大依報。是此一念動靜違順。唯依此念。變現諸法。離此念外。無法可得。原此一念。本是法界。從緣而起。緣無自性。全體法界。故得橫徧十方。豎窮三際。離過絕非。不可思議。法爾具此威神。法爾具此功用。今以此念。念於西方阿彌陀佛。求生極樂淨土。正當念時。西方依正在我心中。而我此心已在西方依正之內。如兩鏡交光。相含互照。此橫徧十方之相也。若約豎窮三際。則念佛時。即見佛時。亦即成佛時。求生時。即往生時。亦即度生時。三際同時。更無前後。帝網珠光難齊全體。南柯夢事。略類一班。此理悟之最難。信之最易。但能直下承當。終必全身受用。可謂參學事畢。所作已辦矣。如或未能。但當任便觀察。隨分受用爲耳。

心能造業。心能轉業。業由心造。業隨心轉。心不能轉業。即爲業縛。業不隨心轉。即能縛心。心何以能轉業。心與道合。心與佛合。即能轉業。業何以能縛心。心依常分。任運作受。即爲業縛。一切現前境界。一切當來果報。皆唯業所感。唯心所現。唯業所感故。前境來報皆有一定。以業能縛心故。唯心所現故。前境來報皆無一定。以心能轉業故。若人正當業能縛心。前境來報一定之時。而忽發廣大心。修眞實行。心與佛合。心與道合。則心能轉業。前境來報。定而不定。又心能轉業。前境來報不定之時。而大心忽退。實行有虧。則業能縛心。卽前境來報。不定而定。然業乃造於已往。此則無可奈何。所幸而發心與否。其機在我。造業轉業。不由別人。如吾人卽今發心念佛。求生極樂。或觀依正。或持名號。念念相續。觀念之極。則心與佛合。合之又合。合之其極。則心能轉業。而前境之娑婆。轉爲極樂。胎獄之來報。轉爲蓮胞。便是樂邦自在人矣。若正恁麼時。其心或偶然失照。或忽生退悔。不與佛合。則業能縛心。而前境仍舊。來報依然。還是忍土苦衆生也。然則我輩有志出離。求生淨土者。可弗惕然而警。奮然而發也哉。

淨土門中。以願爲最。凡有願者。終必能滿。如鬱頭藍弗。習非非想定於水邊林下。每定將成。多爲魚鳥所驚。因發惡願曰。吾他日後當作飛貍。入林食鳥。入水食魚。後非想定成。遂生天上。壽八萬大劫。天報既終。遂墮爲飛貍。入林水以食魚鳥。此惡願也。與性相違。尚有大力用。八萬劫後能滿。況稱性之善願乎。神僧傳載一僧。於石佛前戲發願曰。如今生生死不了。願來生作威武大臣。

後果作大將軍。此戲發之願也。尙終得遂。況至誠所發之願乎。復載一僧。博通經論。所至無所遇。乃咨嗟歎息。傍一僧曰。汝學佛法。獨不聞未成佛果。先結人緣。汝雖明佛法。其如無緣何。其僧曰。我卽終於此乎。傍僧曰。吾代汝爲之。問其僧有何所畜。曰無他。僅餘一衣料耳。曰。此亦足矣。遂變價置買食物。引其僧至一深林。禽鳥昆蟲甚多之處。置食於地。復教以發願。乃屬曰。汝二十年後。方可開法。其僧如所屬。至二十年後始開法。受化者多少年。蓋皆受食之禽鳥昆蟲也。此願力之不可思議也。尙能以他人之願。攝彼蟲鳥。脫異類而入人道。豈自願不能自度耶。佛以四十八願自致成佛。而我所發之願。正合佛攝生之願。此則直以發願便可往生。而況佛有不思議大慈大悲。如瑩珂。酒肉無擇之人。後閱往生傳。每讀一傳。爲一首肯。遂斷食念佛。至七日。感佛現身慰之曰。汝陽壽尚有十年。當好念佛。吾十年後來接汝。珂曰。娑婆濁惡。易失正念。願早生淨土。承事諸聖。佛曰。汝志如此。我三日後來接汝。三日後果得往生。又懷玉禪師。精修淨業。一日見佛菩薩滿虛空中。一人執銀臺而入。玉念曰。吾一生精進。志在金臺。今胡不然。銀臺遂隱。玉彌加精進。二十一日後。復見佛菩薩徧滿虛空。前持銀臺者易金臺而至。玉遂泊然而逝。劉遺民依東林。結社念佛。一日想念佛次。見佛現身。劉念曰。安得如來手摩我頭乎。佛卽手摩其頭。復念曰。安得如來衣覆我體乎。佛卽以衣覆其體。於戲。佛之於衆生。無所不至。眞可謂大慈悲父母矣。欲速生卽令速生。欲金臺卽易金臺。欲手摩頭卽摩頭。欲衣覆體卽覆體。佛既慈悲一切衆生。豈獨不慈悲我乎。佛既滿一切衆生之願。豈獨不滿我之願乎。大慈悲心。無有揀擇。安有此理。是以眞能發願。則信在其中。信願既眞。行不期起而自起。是故信願行三種資糧。唯一願字盡之矣。

世之最可珍重者。莫過精神。世之最可愛惜者。莫過光陰。一念淨。卽佛界緣起。一念染。卽九界生因。凡動一念。卽十界種子。可不珍重乎。是日已過。命亦隨滅。一寸時光。卽一寸命光。可不愛惜乎。苟知精神之可珍重。則不浪用。則念念執持佛名。光陰不虛度。則刻刻熏修淨業。倘置佛名而別修三乘聖行。亦是浪用精神。亦是千鈞之弩爲鼷鼠而發機。況造六凡生死之業乎。倘置淨業而別取權乘小果。亦是虛度光陰。亦是以如意寶珠而貿一衣一食。況取人天有漏之果乎。如是珍重。如是愛惜。則心專而佛易感。行勤而業易精。果得眞生淨土。親見彌陀。時承開示。面奉慈音。妙悟自心。深證法界。延一念爲長劫。促長劫爲一念。念劫圓融。得大自在。得非自食其珍重愛惜之報乎。

夫見道而後修道。修道而後證道。此千聖同途。千古不易之定論也。然見道豈易言哉。若依教乘。必大開圓解。若依宗門。必直透重關。然後得論修道。否則便爲盲修瞎練。不免撞牆磕壁。墮坑落塹矣。唯淨土一門則不然。從是西方過十萬億佛土。有世界名曰極樂。其土有佛。號阿彌陀。今現在說法。但發願持名。即得往生。此乃佛心佛眼親知親見之境界。非彼三乘賢聖所能知見也。

但當深信佛言。依此而發願持名。卽是以佛知見爲知見。不必別求悟門也。餘門修道。必悟後依法修習。攝心成定。因定發慧。因慧斷惑。所發之慧有勝劣。所斷之惑有淺深。然後方可論其退與不退。唯此淨土門中。唯以信願之心。專持名號。持至一心不亂。淨業卽爲大成。身後決定往生。一得往生。便永不退轉。又餘門修道。先須懺其現業。若現業不懺。卽能障道。則進修無路矣。修淨業者。乃帶業往生。不須懺業。以至心念佛一聲。能滅八十億劫生死重罪故。又餘門修道。須斷煩惱。若見思煩惱分毫未盡。則分段生死不盡。不能出離同居國土。唯修淨業。乃橫出三界。不斷煩惱。從此同居生彼同居。一生彼土。則生死根株便永斷矣。既生彼土。則常常見佛。時時聞法。衣食居處。出於自然。水鳥樹林。皆悉說法。同居土中。橫見上三淨土。諸上善人俱會一處。圓證三種不退。一生便補佛位。然則淨土一門。最初省求悟門。末後不待發慧。不須懺業。不斷煩惱。至極省要。至極徑捷。及其證入。至極廣大。至極究竟。學者當細心玩味而詳擇之。毋以一時貢高。失此殊勝最大利益也。

一窮人。遙望。見錢一串。就而取之。乃蛇也。遂瞠立於其傍。復一人至。得錢一串攜去。夫錢非蛇也。而蛇現者。唯業所感。唯心所現也。錢上之蛇。固是業感心現。而蛇上之錢。獨非業感心現乎。錢上之蛇。一人之別業妄見也。蛇上之錢。多人之同分妄見也。一人之妄見。其妄易知。多人之妄見。其妄難知。以易知例難知。難知亦易知矣。然則蛇固蛇也。錢亦蛇也。推此而往。內而根身。外而境界。由一方而至十方。以及四大部洲。三千大千世界。皆此錢上之蛇也。但唯心之蛇既現。便能螫人。唯心之錢既現。便得享用。非謂唯心。便無外境。且娑婆之穢苦。安養之淨樂。皆唯心現。唯心之穢苦既現。則遭大逼迫。唯心之淨樂既現。則得大受用。既穢苦淨樂。皆唯心現。何不捨唯心之穢苦。以取唯心之淨樂。而乃久經長劫。甘爲八苦之所交煎也哉。

吾人生死關頭。唯二種力。一者心緒多端。重處偏墜。此心力也。二者如人負債。強者先牽。此業力也。業力最大。心力尤大。以業無自性。全依於心。心能造業。心能轉業。故心力唯重。業力唯強。乃能牽生。若以重心而修淨業。淨業則強。心重業強。唯西方是趨。則他日報終命盡。定往西方。不生餘處矣。如大樹大牆。尋常向西而歪。他日若倒。決不向餘處也。何爲重心。我輩修習淨業。信貴於深。願貴於切。以信深願切故。一切邪說。莫能搖惑。一切境緣。莫能引轉。若正修淨業時。倘達摩大師忽現在前。乃曰。吾有直指人心見性成佛之禪。汝但捨置念佛。吾卽以此禪授汝。但當向祖師作禮。謂我先已受釋迦如來念佛法門。發願受持。終身不易。祖師雖有深妙禪道。吾則不敢自違本誓也。縱或釋迦如來忽爾現身。謂曰。吾先說念佛法門時。一時方便耳。今更有殊勝法門。超於彼者。汝當且置念佛。吾卽爲說勝法。亦祇可向佛稽首陳白。我先稟受世尊淨業法門。發願一息尙存。決不更張。如來雖有勝法。吾則不敢自違本願也。雖佛祖現身。尙不改其所信。況魔王外道虛妄邪說。豈足以搖惑之耶。能如是信。其信可謂深矣。若赤熱鐵輪旋轉頂上。不以此苦退失往生之願。若輪王勝妙五欲現前。亦不以此樂退失往生之願。此逆順至極。尚不改所願。況世間小小逆順境界。豈能引轉哉。能如是願。其願可謂切矣。信深願切。是謂重心。而修淨業。淨業必強。心重故。則易純。業強故。則易熟。極樂淨業若熟。娑婆染緣便盡。果得染緣已盡。則臨終時。雖欲輪回境界再現在前。亦不可得。果得淨業已熟。則臨終時。雖欲彌陀淨土不現在前。亦不可得。然此信願。要在操之有素。臨時自不入於歧路。如古德臨欲命終。六欲天童次第接引。皆不去。唯專心待佛。後佛現。乃曰佛來也。遂合掌而逝。夫臨欲命終。四大分張。此何時也。六欲天童次第接引。此何境也。苟素常信願。不到十分堅固。當此時。對此境。而能強作主宰乎。如古德眞可謂千古修淨業者之標榜矣。

有禪者問曰。一切諸法。悉皆如夢。娑婆固夢也。極樂亦夢也。既同是一夢。修之何益。予曰。不然。七地以前。夢中修道。無明大夢。雖等覺猶眠。唯佛一人。始稱大覺。當夢眼未開之時。苦樂宛然。與其夢受娑婆之極苦。何若夢受極樂之妙樂。況娑婆之夢。從夢入夢。夢之又夢。展轉沈迷者也。極樂之夢。從夢入覺。覺之又覺。漸至於大覺者也。夢雖同。所以夢者。未嘗同也。可槩論乎。
佛法大海。信爲能入。淨土一門。信尤爲要。以持名念佛。乃諸佛甚深行處。唯除一生所繫菩薩可知少分。自餘一切賢聖。但當遵信而已。非其智分之所能知。況下劣凡夫乎。然十一善法。以信居初。信心之前。更無善法。五十五位。以信爲始。信位之前。別無聖位。故菩薩造起信論。祖師作信心銘。以信心一法。爲入道要門也。昔王仲回問於楊無爲曰。念佛如何得不間斷去。楊曰。一信之後。更不再疑。王欣然而去。未久。楊夢仲回致謝。謂因蒙指示。得大利益。今已生淨土矣。楊後見仲回之子。問及仲冋去時光景。及去之時節。正楊得夢之日。噫。信之時義大矣哉。

法藏比丘對世自在王佛。發稱性四十八種大願。依願久經無量長劫。修習大行。至於因圓果滿。自致成佛。法藏轉名彌陀。世界轉名極樂。彌陀之所以爲彌陀者。深證其唯心自性也。然此彌陀極樂。非自性彌陀。唯心極樂乎。但。此心性。乃生佛平等共有。不偏屬佛。亦不偏屬衆生。若以心屬彌陀。則衆生乃彌陀心中之衆生。若以心屬衆生。則彌陀乃衆生心中之彌陀。以彌陀心中之衆生。念衆生心中之彌陀。豈衆生心中之彌陀。不應彌陀心中之衆生耶。但佛悟此心。如醒時人。衆生迷此心。如夢中人。離醒時人。無別夢中之人。豈離夢中之人。別有醒時之人耶。但夢中之人。當不自認爲眞。亦不離夢中之人。別求醒時之人。唯應常憶醒時之人。憶之又憶。則將見大夢漸醒。而夢眼大開。卽夢中能憶之人。便是所憶醒時之人。而醒時之人。非夢中人也。夢中人衆多。醒時人唯一。十方諸如來。同共一法身。一心一智慧力無畏亦然。此乃卽一卽多。常同常別。法爾自妙之法也。

念佛之意。大略如此。

生則決定生。去則實不去。二語。上句說事。下句說理。事是卽理之事。謂生卽不生。非直以生爲生也。理是卽事之理。謂不去而去。非直以不去爲不去也。兩句作一句看。則事理圓融。所謂合之則雙美也。若兩句作兩句看。則事理分張。所謂離之則兩傷也。若不合此兩句作一句。便當演此兩句作四句。謂生則決定生。生而無生。去則實不去。不去而去。雖爲四句。義亦無增。合爲一句。義亦無減。總一事理圓融耳。與其執去則實不去之理。不如執生則決定生之事爲得。何也。以執事昧理。猶不虛入品之功。若執理廢事。便不免落空之誚。以事有借理之功。理無獨立之能故也。以有生爲生。則墮常見。以不去爲不去。則墮斷見。斷常雖同一邪見。而斷見之過患深重。故不若執事之爲得。然總不如圓會二句爲佳耳。吾人現前一念。緣生無性。無性緣生。不生佛界。便生九界。若約緣生無性。則生佛平等一空。若約無性緣生。則十界勝劣懸殊。阿祈達王臨終。爲驅蠅人以拂拂面。一念瞋心。遂墮爲毒蛇。一婦人渡河失手。其子墮水。因撈子故。與之俱沒。以慈心故。得生天上。夫一念慈瞋。天畜遂分。則此臨終之緣生一念。可不愼乎。苟以此心緣念彌陀。求生淨土。得不見佛往生乎。但此一念。不可僥倖而致。必須存之以誠。操之有素。是故吾輩於此一句彌陀。千念萬念。以至終日終年念者。無非爲熟此一念而已。果得一念純熟。則臨命終時。唯此一念。更無異念。智者大師云。臨終在定之心。卽淨土受生之心。然唯此一念。更無異念。非在定之心乎。念果如是。不見彌陀。更見何人。不生淨土。更生何處。只恐吾人自信不及耳。

觀經。是心作佛。是心是佛。二語既舉。則言外之心不作佛。心不是佛。心作九界。心是九界。心不作九界。心不是九界。等義俱彰矣。噫。果明此理。而猶不念佛者。則吾末如之何也已矣。

觀經是心作佛是心是佛二語。不唯是觀經一經綱宗法要。實是釋迦如來一代時教大法綱宗。不唯釋迦一佛法藏綱宗。實是十方三世一切諸佛法藏綱宗。此宗既透。何宗不透。此法既明。何法不明。所謂學雖不多可齊上賢也。

眞法無性。染淨從緣。一眞旣舉。體成十界。則十界全體即一眞。是故善談心性者。必不棄離於因果。而深信因果者。終必大明乎心性。此理勢所必然也。

吾人現前一念能念之心。全眞成妄。全妄即眞。終日隨緣。終日不變。一句所念之佛。全德立名。德外無名。以名召德。名外無德。能念心外。無別所念之佛。所念佛外。無別能念之心。能所不二。生佛宛然。本離四句。本絕百非。本徧一切。本含一切。絕待圓融。不可思議。蓮宗行者。當從者裏信入。

殺生一事。過患至爲深重。一切衆生。皆有佛性。生可殺乎。造重業。縱殺心。結深怨。感苦果。皆由一殺所致。是以殺心漸猛。殺業漸深。漸以殺人。以及殺其六親。甚而積爲刀兵大劫。可悲也矣。蓋皆由不知戒殺之所致。苟知戒殺。牲且不忍殺。況殺人乎。況殺六親乎。牲不忍殺。刀兵大劫。何所從來。殺人之父者。人亦殺其父。殺人之兄者。人亦殺其兄。知人之父兄不可殺。亦戒殺之漸。但不知殺父兄者。由於不戒殺始也。

人之所以不戒殺者。由於不達因果之理。因果者。感應也。我以惡心感之。人亦以惡心應。我以善心感之。人亦以善心應。人但知感應見於現生。而不知感應通於三世也。人但知感應見於人道。而不知感應通於六道也。果知感應通於三世六道。六道中皆多生之父兄。殺可不戒乎。總知感應通於六道。亦不知感應通於世出世間也。以無我心感。則聲聞緣覺之果應之。以菩提心六度萬行感。則菩薩法界果應之。以平等大慈同體大悲感。則佛法界果應之。噫。感應之道。可盡言哉。

須知一句阿彌陀佛。以唯心爲宗。此唯心之義。須以三量楷定。三量者。現量比量聖言量也。現量者。謂親證其理也。如羅什大師。七歲隨母入佛寺。見佛鉢。喜而頂戴之。俄而念曰。我年甚幼。佛鉢甚重。何能頂戴。是念纔動。忽失聲置鉢。遂悟萬法唯心。高麗惟曉法師。來此土參學。夜宿冢間。渴甚。明月之下。見淸水一汪。以手掬而飲之。殊覺香美。至次日淸晨。乃見其水爲墓中滲出。遂惡心大吐。乃悟萬法唯心。便囘本國著述。此皆現量親證也。比量者。借衆相而觀於義。比喻而知也。諸喻之中。夢喻最切。如夢中所見山川人物。萬別千差。皆不離我能夢之心。離夢心外。別無一法可得。卽此可以比喻。而知現前一切萬法。但唯心現也。聖言量者。三界唯心。萬法唯識。千經萬論。皆如是說。已約現等三量楷定唯心。更約事理二門。辨明具造。謂由有理具。方有事造。理若不具。事何所造。所以理具。但具事造。離事造外。無別所具。由有事造。方顯理具。事若不造。爭知理具。所以事造。祇造理具。離理具外。別無所造。祇此一念心中。本具十界萬法。卽此一念隨緣。能造十界萬法。理具。如金中本具可成餅。盤釵釧之理。事造。如隨工匠鑪鎚之緣。造成餅盤釵釧之器。又理具。如麪中本具可成種種食物之理。

事造。如水火人工之緣。造成種種食品也。已辨事理。復約名體同異揀定眞妄。佛法中有名同而體異者。有名異而體同者。名同體異。如心之一名。有肉團心。有緣慮心。有集起心。有堅實心。肉團心同外四大。無所知識。緣慮心。通於八識。以八種識。皆能緣慮自分境故。此則是妄。集起心。唯約第八。以能集諸法種子。能起諸法現行故。此則眞妄和合。堅實心者。即堅固眞實之性。乃離念靈知。純眞心體也。今言唯心者。乃堅實純眞之心也。名異體同者。如諸經中所說眞如佛性實相法界等。種種極則之名。皆此堅實純眞心也。已揀眞妄。還約本有現前折衷指點。以諸經皆言無始本有眞心。夫旣曰本有。
卽今豈無。而今現有。卽本有也。若無無始。則無現前。若
離現前。豈有無始。是故不必高尊本有。遠推無始。但現
前一念心之自性。卽本有眞心也。以現前一念。全眞成
妄。全妄卽眞。終日隨緣。終日不變。離此現前一念之外。
豈別有眞心自性哉。古德云。威音那畔。不離今世門頭。
衆生現行無明。卽是諸佛不動智體。其庶幾乎。由上四
義。以顯唯心。故一以唯心爲宗也。又一句阿彌陀以唯
佛爲宗。以一切萬法旣唯心現。全體唯心。心無彼此。心
無分際。於十界萬法。若依若正。假名實法。隨拈一法。皆

卽心之全體。皆具心之大用。如心橫徧。如心豎窮。以唯心義成。唯色唯聲唯香唯味唯觸唯法。乃至唯微塵唯芥子。一切唯義俱成。一切唯義俱成。方成眞唯心義。若一切唯義不成。但有唯心之虛名。而無唯心之實義。以一切唯義俱成。故曰法無定相。遇緣卽宗。唯微塵。唯芥子。尚可爲宗。八萬相好莊嚴之果地彌陀。反不可以爲宗耶。故以唯佛爲宗。又以絕待圓融爲宗。於十界萬法。隨拈一法。無非卽心全體。具心大用。橫徧十方。豎窮三際。離於四句。絕於百非。獨體全眞。更無有外。彌滿淸淨。中不容他。一法既爾。萬法皆然。各約諸法當體。絕待無外。是爲絕待。又以十界萬法。各各互徧。各各互含。一一交羅。一一該徹。彼彼無障無礙。各各無壞無雜。如當臺古鏡影現重重。如帝網千珠。回環交攝。此約諸法迭互相望是爲圓融。今合絕待圓融爲一宗。正絕待時。卽圓融。正圓融時。便絕待。非離絕待。別有圓融。絕待。絕待其圓融非離圓融。別有絕待。圓融。圓融其絕待。絕待圓融。各皆不可思議。今共合爲一宗。則不思議中。不思議也。又超情離見爲宗。以但約諸法絕待。離過絕非。已超一切衆生情妄執著。三乘賢聖所見差別。若約諸法圓融。圓該四句。融會百非。尤非凡情聖見之所能及。故總立超情離見爲宗。初以唯心爲宗。次以唯佛爲宗。三以絕待圓融爲宗。末以超情離見爲宗。總此四重宗旨。方是一句彌陀正宗。宗旨豈易言哉。

此一念佛法門。如天普蓋。似地普擎。無有一人一法。能出其外不在其中者。如華嚴全經。雖有五周四分之殊。以因果二字。該盡無餘。四十一位因心。無一心而不趣向果覺四十一位所修種種法行。豈非皆念佛法行也。而末後普賢以十大願王。導歸極樂。爲全經一大結穴。不其然乎。又華嚴者。以萬行因華。莊嚴一乘佛果。此萬行非念佛行耶。華嚴具婆須蜜女。無厭足王。勝熱婆羅門等無量門。然皆顯示毗盧境界。此無量門。非即念佛門耶。法華一經。從始至終。無非開示悟入佛知佛見。此非始終唯一念佛法門耶。楞嚴最初顯示藏性。明成佛之眞因也。其次揀選圓通。示成佛之妙行也。後歷六十聖位。圓滿菩提。歸無所得。證佛地之極果也。背此。則成七趣沈淪。向此。則明五魔擾亂。末後云。有人身具四重。十波羅夷。瞬息即經此方他方阿鼻地獄。乃至窮盡十方無間。靡不經歷。若能一念將此法門。於末劫中開示未學。是人罪障應念消滅。變其地獄所受苦因。爲安樂國。此則徹始徹終唯一念佛法門也。總佛一代時敎。三藏十二部。半滿權實。偏圓頓漸。種種法門。無非顯示唯心自性。圓成無上妙覺而已。得非總一大念佛法門耶。至如禪宗。達摩大師西來。但當曰。直指人心。見性便了。而云成佛者。非宗門亦念佛門耶。故合二派五宗。千七百則公案。不過指點當人本源心性。顯示本有清淨法身。法身橫偏豎窮。無所不偏。而參禪人。要須時時現前。頭頭相應。此何在而非念佛法門哉。至如佛之一字吾不喜聞。一棒打殺與狗子喫等語。皆顯示法身向上勝妙方便。是眞念佛也。往往無知之輩。謂宗門中人。不宜念佛。此不唯不知念佛。豈眞知宗哉。不唯宗教兩門如是。即普天之下。士農工商。諸子百家。縱不欲念佛。不知佛者。亦不能出於念佛法門之外。以彼去來動靜咸率此道。百姓日用而不知也。所謂一氣不言含有象。萬靈何處謝無私。夾路桃華風雨後。馬蹄無地避殘紅。

一眞爲生死發菩提心。是學道通途。二以深信願持佛名號。爲淨土正宗。三以攝心專注而念。爲下手方便。四以折伏現行煩惱。爲修心要務。五以堅持四重戒法。爲入道根本。六以種種苦行。爲修道助緣。七以一心不亂。爲淨行歸宿。八以種種靈瑞。爲往生驗證。此八種事。各宜痛講。修淨業者。不可不知矣。

衆生所以輪回者。六道也。餘趣衆生。爲驚嗔苦樂所障。無暇向道。可以整心慮趣菩提。唯人道爲能耳。但失人身者如大地土。得人身者如爪上土。人身豈易得乎。人道衆生。從生至壯以及老死。眼之所見。耳之所聞。無非世間塵勞生死業緣耳。佛法豈易聞乎。得人身已難。況得男子身六根具足尤難。聞佛法已難。況聞彌陀名號淨土法門尤難。何幸而得難得之人身。何幸而聞難聞之佛法。聞之而猶不肯信。不深爲可惜也哉。不信姑置。即如信者。信而不願。猶不信也。願而無行。猶弗願也。行而不猛。猶弗行也。行之所以不猛。由願不切。願之所以不切。由信不眞。總之生眞信難信。果眞矣。願自能切。願果切矣。行自能猛。眞切信願。加以勇猛行力。決定得生淨土。決定得見彌陀。決定證三不退。決定一生補佛。既得生淨土矣。曠大劫來生死業根。則從此永斷。既一生補佛矣。至極尊貴無上妙覺。則便得圓成。此一念眞信所關係者。豈淺淺哉。苟非障道緣薄。生死業輕。久種善根。宿因深厚者。何以能爾。然吾人無量劫來。業力輕重。善根深淺。皆莫得而知。但業力由心轉變。善根在人栽培。是故宏法者。不得不善巧方便。懇切開示。而學道者。不可不竭力奮勉。勇往直前。但一言入耳。一念動心。皆可轉變業力。皆能栽培善根。雖聞種種緊要開示。都無一言所入。雖遭種種逆順境界。曾無一念奮發。是爲眞業力深重。眞善根輕鮮。則亦莫可如何也矣。

現前一念心性。本與佛同體。佛已久悟。而我猶迷。佛雖已悟。亦無所增。我雖猶迷。亦無所減。佛雖無增。以順性故。受大法樂。我雖無減。以背性故。遭極重苦。佛於同體心性之中。雖受法樂。以同體大悲無緣大慈。念念憶念於我。念念攝化於我。我於同體心性之中。雖遭衆苦。不知仰求於佛。不知憶念於佛。但唯逐境生心。循情造業。曠大刼來。五逆十惡種種重業。何所不造。三途八難種種大苦。何所不受。言之可慚。思之可怖。設今更不念佛。依舊埋頭造種種業。依舊從頭受種種苦。可不愧乎。可不懼乎。今且知佛以大慈大悲。於念念中憶念攝化於我。則我今者深感佛恩故應念佛。一向長劫枉受衆苦。欲求脫苦故應念佛。已造之業無可如何。未來之業可更造乎。生慚愧心故應念佛。同體心性既曰本有。卽今豈無。祇欠悟證耳。求悟心性故應念佛。以求悟心念佛。念佛必切。以慚愧心念佛。念佛必切。以畏苦心念佛。念佛必切。以感恩心念佛。念佛必切。我不念佛。佛尚念我。我今懇切念佛。佛必轉更念我矣。大勢至菩薩云。十方諸佛憐念衆生。如母憶子。子若逃逝。雖憶何爲。若子憶母。如母憶時。母子歷生不相違遠。若衆生心憶佛念佛。現前當來必定見佛。去佛不遠。不假方便自得心開。此大士親證實到境界。吐心吐膽相告語也。我今念佛。必得見佛。一得見佛。便脫衆苦。卽開悟有期。果得開悟。便可一痛洗已往之慚愧矣。佛尚可不念乎。

一切衆生。本來是佛。眞心本有。妄性元空。一切善法。性本自具。但以久隨迷染之緣。未斷元空之妄。未證本有之眞。善本具而未修。佛本是而未成。今欲斷元空之妄。證本有之眞。修本具之善。成本是之佛。而隨悟淨之緣者。求其直捷痛快。至頓至圓者。無如持名念佛之一行矣。以能念之心。本是全眞成妄。全妄卽眞。所念之佛。亦本全德立名。全名卽德。能念心外。無別所念之佛。所念佛外。無別能念之心。能所兩忘。心佛一如。於念念中。圓伏圓斷五住煩惱。圓轉圓滅三雜染障。圓破五陰。圓超五濁。圓淨四土。圓念三身。圓修萬行。圓證本眞。而圓成無上妙覺也。一念如是。念念皆然。但能念念相續。其伏斷修證。有不可得而思議者矣。以是全佛之心。念全心之佛。實有自心果佛全分威德神力。冥熏加被耳。一句佛號。不雜異緣。十念功成。頓超多劫。於此不信。眞同木石。捨此別修。非狂即癡。復何言哉。復何言哉。

問。諸方皆有淨土。何專讚西方。求願往生耶。答。此非人師意也。乃金口誠言。分明指示故。大乘顯密諸經。同指歸故。令初心人專注一境。三昧易成故。四十八願爲緣。緣強故。十念爲因。因勝故。佛與衆生偏有緣故。此土衆生。無論僧俗男女老幼善惡之人。當其處極順逆苦樂境緣之時。多必由中而發。衝口而出。念佛一聲。然不念佛則已。凡念佛。必念阿彌陀佛。此誰使之然。蓋衆生久蒙佛化。久受佛恩。與佛緣深故也。且此彌陀一經。羅什最初譯成。東林遠祖即與一百二十三人。結社念佛。其一百二十三人以次漸化臨終皆留瑞應雖鸚鵡八八兒念佛。化時皆有瑞相。此非衆生與佛緣深。謂之何哉。又無量壽經云。當來經道滅盡。我以願力特留此經。更住百年。廣度含識。夫不留他經。而獨留此經者。豈非以此法門。下手易而攝機普。入道穩而獲益速耶。以是而知其時愈後。此法愈當機矣。

世間衆生。當處急難痛苦之時。嘷叫父母。呼天喚地。不知父母人天王等。不能救我生死。盡我輪回。以其同在生死輪回故耳。三乘聖人雖出生死。無大悲心。無益於我。諸菩薩等。雖有大慈悲心。以其心證各有分限。未能普利衆生。滿一切願。十方諸佛。雖皆證窮法界。然我感之不易。縱感極而見。不過暫時離苦。終非究竟。唯阿彌陀佛。但得一見。即頓脫生死。永斷苦根矣。唯此一句阿彌陀佛。是所當盡心竭力者。予曾有偈云。世間出世思惟徧。不念彌陀更念誰。然而念佛不難。難於堅久。果能堅持一念。如生鐵鑄成。渾鋼打就。如一人與萬人敵。千聖遮攔不住。萬牛挽不回頭。如是久之。必能感通相應。若其未能如此用心。便謂佛言無驗。佛心難感者。夫豈可哉。但得一念感通。便頓出生死。直登不退。穩成佛果。豈易事也哉。

知小而不知大。見近而不見遠者。此衆生之常分也。如阿彌陀佛。於諸衆生有大恩德。衆生不知也。佛於無量劫前。對世自在王佛。普爲惡世界苦衆生。發四十八種大願。依願久經長劫。修菩薩行。捨金輪王位國城妻子頭目腦髓。不知其幾千萬億。此但萬行中內外財布施一行也。如是忍人所不能忍。行人所不能行。圓修萬行。力極功純。嚴成淨土。自致成佛。分身無量。接引衆生。方便攝化。令生彼國。然則如爲一人。衆多亦然。如爲衆多。一人亦然。若以衆多觀之。佛則普爲一切衆生也。若以一人觀之。佛則專爲我一人也。稱性大願。爲我發也。長劫大行。爲我修也。四土。爲我嚴淨也。三身。爲我圓滿也以致頭頭現身接引。處處顯示瑞應。總皆爲我也。我造業時。佛則警覺我。我受苦時。佛則拔濟我。我歸命時。佛則攝受我。我修行時。佛則加被我。佛之所以種種爲我者。不過欲我念佛也。欲我往生也。欲我永脫衆苦。廣受法樂也。欲我展轉化度一切衆生。直至一生補佛而後已也。噫。佛之深恩重德。非父母所可比。雖天地不足以喻其高厚矣。非聞開示。安知此意。不讀佛經。安曉此理。今而後。已知之矣。唯有竭力精修。盡報歸誠。拚命念佛而已。復何言哉。

一切衆生。爲利鈍十使所使。久經長劫。流轉生死。受大苦惱。不能出離。可悲也。十使者何。卽身邊邪見戒。此五爲利使。以發動輕便故。貪瞋癡慢疑。此五爲鈍使。由利使所生。對利說鈍故。此之十使。衆生或多或少。各有偏重。若帶之修道。但唯增長邪見煩惱。決無相應分。如欲斷之實難。以此十使。於四諦下歷三界九地。有八十八使見惑。八十一品思惑。但斷見惑。如斷四十里流。況思惑乎。若見思二惑毫髮未盡。分段生死不能出離。此所謂豎出三界也。甚難甚難。然此十使。總名衆生知見。古德謂衆生知見。須以佛知見治之。佛知見者。卽現前離念靈知也。然此靈知。不能孑然自立。必隨緣起。不隨佛界之緣。便隨九界緣起。離十界外。無別緣起故。欲隨佛界緣起。無如以信願心持佛名號。但信貴深。願貴切。持名貴專勤。果以深切專勤之心。信願持名。卽是以佛知見而爲知見。亦卽是念念中以佛知見治衆生知見也。熾然十使心中。但置一信願持名之心。卽轉生界緣起爲佛界緣起。此於修道門中。乃點鐵成金極妙之法。只須赤體擔當。久久勿替。管取金臺可以坐待。寶蓮不日來迎。是爲從此同居。生彼同居。橫出三界。較之豎出者。不亦省力也哉。

一句阿彌陀佛。是阿伽陀藥。無病不療。是如意珠王。無願不滿。是生死苦海之慈航。無苦不度。是無明長夜之慧燈。無暗不破。但得一歷耳根。便爲有緣。但能一念信心。便可相應。信心果眞。願不期發而自發。只將此信願二法常存在心。如忠臣之奉聖君密旨。孝子之受慈父嚴命。憶念不忘。作爲第一件要事。不論所處境界靜鬧閒忙。多念少念。總皆爲往生正因。只恐介在勤怠間耳。吾人曠大劫來。久在輪回。豈永不發求出離之心。修向道之行耶。蓋皆廢於因循。敗於怠惰。所以常在生死。受大苦惱。今聞持名簡要法門。若仍循故轍。安於覆敗。可謂第一等無血性漢子矣。

所謂執持名號者。卽拳拳服膺之謂。謂牢持於心。而不暫忘也。稍或一念間斷。則非執持也。稍或一念夾雜。則非執持也。念念相續。無雜無間。是眞精進。精進不已。則漸入一心不亂。圓成淨業。若到一心不亂。仍復精進不輟。將見開智慧。發辯才。得神通。成念佛三昧。以至種種靈異瑞相。皆現前矣。如蠟人向火。薄處先穿。但不可豫存期效之心。唯當致力於一心不亂耳。一心不亂。乃淨業之歸宿。淨土之大門。若未入此門。終非穩妥。學者可不勉哉。

修習一切法門。貴乎明宗得旨。今人但知萬法唯心。不知心唯萬法。但知心外無佛。不知佛外無心。但知無量爲一。不知一爲無量。但知轉山河大地歸自己。不知轉自己歸山河大地。然既不知心唯萬法。豈眞知萬法唯心。既不知佛外無心。豈眞知心外無佛。所謂一箇圓球。擘作兩半。離之則兩傷。合之則雙美也。是故念佛者。必以唯佛唯土爲宗。若唯佛唯土之宗不明。則眞唯心義不成。果透眞唯心義。則唯佛唯土之宗自成。既成此宗。則一句所念之佛。所生之土。全體大用。橫偏豎窮。獨體全眞。包羅無外。所念既爾。能念亦然。是謂以實相心。念實相佛。以法界心。念法界佛。念念絕待。念念圓融。以絕待故。全超一切法門。無與等者。以圓融故。全收一切法門。無出其外者。此之謂法無定相。遇緣即宗。繁興大用。舉必全眞。一句阿彌陀佛。須恁麼信。恁麼念。方是不思議中不思議也。

生佛不二。平等共有者。唯此現前離念靈知耳。諸佛以隨悟淨因緣。悟之又悟。淨之又淨。悟淨之極。故其靈知橫徧豎窮。廣大無外也。衆生以隨迷染因緣。迷之又迷。染之又染。故其靈知局然促然。介爾微劣也。然即此介爾靈知。與諸佛廣大靈知。覿體不二。毫髮無差。使其得隨悟淨之緣。業盡情空。則此介爾之知。當下轉爲廣大無外之靈知矣。如一星之火。能燒萬頃荒田。然此現前一念靈知。若約所知之境。固有廣狹勝劣之不同。若約能知之知。則全體無異。如同一火也。燒檀則香。燒糞則臭。所燒雖殊。能燒之火無二。又如同一水也。淸濁不同。同一鏡也。昏明有異。淸濁雖殊。濕性不二。昏明雖異。光體是同。水同一濕也。濁者可使澄之而淸。鏡同一光也。昏者可使磨之而明。光昏者。爲帶垢耳。垢非光。光者鏡之本體也。水濁者。爲雜塵耳。塵非濕。濕者水之本性也。此一念靈知。如水之濕。如鏡之光。如火之燒。舉體無異者也。唯其舉體無異。故於修道方便門中。便有多門。有但仰慕諸聖者。有但尊重己靈者。有外慕諸聖。內重己靈者。有不慕諸聖。不重己靈者。若但仰慕諸聖者。如本分念佛之人。以知諸聖皆已先證我之己靈。語默動靜。皆堪垂範。我曹若不仰慕諸聖。則進修無路矣。故或專持名號。或觀想音容。三業虔誠。六時敬禮。傾心歸命。盡報遵承。及乎時至緣熟。感應道交。心地大開。靈光獨露。乃知我之己靈。原與諸聖平等無異。亦不可不自尊重也。又但尊重己靈者。如宗門參禪者。以直指人心見性成佛。故唯欲十二時中。四威儀內。獨露當人面目。受用本地風光。離心性外。毫無取著。所謂任他千聖現。我有天眞佛也。及乎造詣功深。悟證已極。乃知一切諸聖。皆久已先證我之己靈者。尤不可不仰慕也。又外慕諸聖。內重己靈者。夫欲尊重己靈。必須仰慕諸聖。唯其仰慕諸聖。正是尊重己靈。又仰慕諸聖。必須尊重己靈。若不尊重己靈。豈能仰慕諸聖。此則內外交修。心佛等重。既無偏執。進道彌速。至於力極功純。全體相應。乃知諸聖。但不過先證我之己靈而已。無庸仰慕。而我己靈者。亦不過平等齊於諸聖而已。何勞尊重。又不慕諸聖。不重己靈者。此謂寸絲不挂。心佛兩忘。徹底撒開。迥無依倚。

外遺世界。內脫身心。一念不生。萬緣坐斷。至於久久功熟。圓滿證入。本靈獨露。諸聖頓齊。雖不仰慕諸聖。乃善仰慕。雖不尊重己靈。卻眞尊重。此之四路。學者自諒根性。各隨好樂。但當一門深入。久之必皆有相應。切不可妄生執著。輕發議論。出奴入主。是一非餘。不唯背妙道而成障礙。將恐謗大法而詔愆尤也矣。

楞伽經云。諸聖所知。轉相傳授。妄想無性。二祖云。覓心了不可得。起信論云。若有能觀無念者。卽爲向佛智故。華嚴合論云。頓悟一念緣起無生。超彼三乘權學等見。此佛經祖語。菩薩知識造論。皆就現前一念指點。顯妄性本空也。夫妄本空而眞本有。非佛而何。但衆生久隨汙染之緣。未能頓復其本空耳。須以清淨緣起漸而轉之。以吾卽佛之因心。念吾卽心之果佛。因果從來交徹。心佛法爾一如。而吾卽心之果佛。無緣大慈同體大悲。本自不可思議。且吾卽佛之因心。深信切願。專懇持名。亦復不可思議。能於念念中。齊澄衆染。圓顯本空。頓契靈源。直趣果海。然則清淨之緣無過此者。但於念時。當萬緣放下。一念單提。如救頭然。如喪考妣。如雞抱卵。如龍養珠。不期小效。不求速成。但只一心常恁麼念。是名無上深妙禪門。此則根身世界。密隨其心念念轉變。殆非凡心，肉眼所能知見者也。及乎報終命盡。彌陀聖衆忽現在前。或現異香天樂諸靈瑞相。世人方謂淨業成就。然淨業之成。豈此時乎。

念佛當生四種心。云何爲四。一無始以來造業至此。當生慚愧心。二得聞此法門。當生忻慶心。三無始業障。此法難遭難遇。當生悲痛心。四佛如是慈悲。當生感激心。此四種心中有一。淨業即能成就。念佛當長久。不可間斷。間斷。淨業亦不能有成。長久當勇猛。不可疲怠。疲怠淨業亦不能成。長久不勇猛。即有退。勇猛不長久。即無進。

當念佛時。不可有別想。無有別想。卽是止。當念佛時。須了了分明。能了了分明。卽是觀。一念中止觀具足。非別有止觀。止卽定因。定卽止果。觀卽慧因。慧卽觀果。一念不生。了了分明。卽寂而照。了了分明。一念不生。卽照而寂。能如是者。淨業必無不成。如此成者。皆是上品。一人乃至百千萬億人。如是修。皆如是成就。念佛者。可不愼乎。

徹悟禪師語錄卷上終

徹悟禪師語錄卷下

嗣法門人了梅等集

雜著

般若淨土兩門大義

般若乃即緣起而明性空。雖性空而不壞緣起。淨土乃即性空而明緣起。雖緣起而不礙性空。此則空有兩門。互不相礙也。不特於此。正以緣起故性空。若非緣起說誰性空。此則緣起爲性空之所以。又以性空故緣起。若非性空。何從緣起。此則性空爲緣起之所以。若然者。空有兩門。不但不相礙。且復迭互相成矣。如古所謂萬象參天。觀之而無色。羣音揭地。聽之而無聲。愈有愈空。愈空愈有者矣。夫緣起性空。既在同時任運。便有雙泯雙存之面目。雙泯雙存同時無礙。卽是向上圓融不思議第一義諦。圓融第一義諦。卽是當人本源心性之異名。是知佛說種種般若門。無非顯示此本源心性。佛說種種淨土門。亦無非顯示此本源心性。從本源心性流出種種般若淨土法門。而種種般若淨土法門。皆悉指歸本源心性。所謂無不從此法界流。無不還歸此法界也。

昔有人問雲棲大師云。參禪念佛。如何得融通去。大師答云。若然是兩物。卽用融通得著。噫旨哉言乎。夫禪者。淨土之禪。淨土者。禪之淨土。本非兩物。用融通作麽。然則般若淨土兩門。旣唯一本源心性。不唯分無可分。亦且合無可合。分合倘著不得。况可更論其相成相礙也哉。

西有解

西有者。謂西方的的是有。但含事理空有等種種義相耳。若謂定方實有。不可移易。此凡情執著之常有也。若謂一切境界。循業發現。卽其現處。當體全空。此則非有而有。有卽非有。眞空妙有二諦交徹之有也。若互奪雙亡。二諦俱泯。則非空非有之有也。若相成兩立。二諦俱存。則即空即有之有也。若正雙泯時便雙存。正雙存時便雙泯。雙泯雙存同時無礙之有也。又此有緣起性空。不墮有句。性空緣起。不墮空句。二義只成一法。不墮亦有亦空句。一法宛具二義。不墮非有非空句。此則四句全超之有也。又此有性空緣起。該得有句。緣起性空。該得空句。二諦雙存。該得亦有亦空句。二諦俱泯。該得非有非空句。此則四句全該之有也。又唯全超故全該。設有一句不超。亦不能全該四句。唯全該故全超。設有一句不該。亦不能全超四句也。此則圓教有門之有也。又西方依正莊嚴。皆一切衆生性所本具。特借彌陀大願爲增上緣因。一顯發耳。曾何片法之新得哉。此則西有者。乃自性本具眞善妙有之有也。又有句固是有句。有句亦是空句。有句亦是亦有亦空句。有句亦是非有非空句。一句即四句也。一句旣即四句。四句亦即一句。有句固是有句。空句亦是有句。亦有亦空句亦是有句。非有非空句亦是有句。全一即四。全四即一。一一四圓融。不可思議。又此有空等四句。執之則成四種邪見。通之則爲四方便門。執成邪見網。永墮外道種族。通爲方便門。便入聖賢階位。故曰般若如大火聚。觸著便燒。此謂四邊不容執著也。又曰般若如清涼池。隨方可入。此謂四門皆堪入道也。然全大火聚是清涼池。非離火聚別有涼池。全清涼池是大火聚。非離涼池別有火聚。所謂毫釐有差。天地懸隔。毫釐無差。天地懸隔也。

華嚴經節略要旨

大方廣佛華嚴經者。乃毗盧遮那如來。於菩提場初成正覺。七處九會。一音頓演稱性法門也。案西域記。此經有三本。上中二本。其偈品以世界微塵論。下本猶有十萬偈。四十八品。結集之後。收入龍宮。以上中二本。非閻浮提人心力能持。故龍樹大士。但於龍宮記出此本。流布人間。而經來此土。有晉唐兩譯。佛陀波陀羅所譯六十卷。三十四品。唐實叉難陀所譯八十卷。三十九品。即今經也。然文雖未備。義已周圓。神而會之。存乎其人。文中前後共有七處九會。古德判爲五周四分。曲盡精詳。今古同遵。第一會。說毗盧遮那如來依正因果法門。經文凡十一卷。六品。即四分中舉果勸樂生信分。五周中所信因果周也。（此中因果乃聖位中修證之圓因妙果非普通因果之謂也後皆倣此）其次六會。以次說十信十住十行十回向十地等妙二覺法門。共四十一卷。三十一品。即四分中修因契果生解分。五周中差別因果平等因果二周也。第八一會。說離世間法門。普慧雲興二百問。普賢缾瀉二千酧。重明因果行相。共七卷。一品。卽四分中託法進修成行分。五周中成行因果周也。第九一會。有本有末。初如來現相放光。具答諸菩薩心念所請果海中事三十問。令其現證。爲本會。後文殊於福城東際大塔廟前令六千比丘頓證十信滿心指善財童子南參諸善知識。爲末會。共二十一卷。一品。卽四分中依人證入成德分。五周中證入因果周也。以前三十八品。雖廣談法界因果。但令生信開解起行造修。至此方始證入。苟無此證。前之信解行俱爲虛設。故以證終焉。詳夫全經之大旨。統唯一眞法界。蓋圓該萬有。唯是一心。靚體全眞。融通交攝。是爲諸佛極證之果海。亦卽衆生本有之心源也。然法界勢含四重。謂理法界。事法界。理事無礙法界。事事無礙法界也。重重無盡。因果緣起六位。卽信住行向地等妙二覺也。位位圓融。圓融不礙行布。行布於圓融差別非離平等。平等其差別。初則舉法界而全成因果。萬德萬行昭然。後乃融因果而混同法界。一毫一塵廓爾。雖四重六位有殊。隱顯開合無定。而原始要終。究不離乎一眞法界。故曰無不從此法界流。無不還歸此法界也。是以一心萬法。舒卷自由。三際十方。縱橫無礙。十世古今互現。無邊刹境交羅。猶帝網之千珠。光含衆影類天池之一滴。味具百川。故界標華藏。具見染淨之融通。而佛號毗盧。直示應眞之不二。五周四分之金文。瀾翻於口海。六相十玄之妙旨。星燦於義天。可謂教啟無上圓宗。法窮甚深理窟者矣。故得若聞若見。圓文殊智鑒於自心。或誦或持。啟普賢行門於偏界。人人入金剛之藏。塵塵樹功德之林。直得一生事辦。則我即善財。但使法界顧周。而誰非淨滿。經云。此經不入一切餘衆生手。論云。唯付囑最上大心凡夫。斯言豈無謂哉。故知排斥久修開士。聾瞽上德聲聞。是皆所以融權執。引大心之深意也。然則食金剛之少許。固已植乎聖因。剖大經於微塵。終有待夫智者。況一字法門。海墨書而不盡。千重樓閣。指聲彈而頓開。非貝葉之所能詮。豈管窺可得而測。勉述大端。聊備采覽云爾。

如欲詳明者。藏中有清涼觀國師疏鈔。棗柏李長者合論。其疏盡精微。沖深包博。而論得大體。痛快直截。二者參而觀之。則華嚴大旨。無餘蘊矣。

楞嚴二決定義

初義蓋示根中之湛性爲眞因。眞因得而後果證可期。

二義蓋指根中之結相爲惑本。惑本明而後斷修有要。

湛性者。六根之性也。不變之眞也。結相者六根之相也。

隨緣之妄也。斯則唯一六根。特相妄性眞之別耳。惟其相妄。故須解之令盡。惟其性眞。故可依而爲因。然眞旣不變。則妄卽本空。而妄旣緣起。則眞必全隱。約妄緣起而眞全隱修德固不可缺。且眞不變而妄元空。性德尤所當明。性德固資修德而顯。修德全依性德而成。合二門之義觀之。眞妄交融。性修雙妙之旨。無餘蘊矣。然則推此而往。根身世界。物物頭頭。眞也妄也。圓陀陀活潑潑。渾無定相。云爲動作。心心念念。性也修也。淨灑灑赤躶躶。了無定執。如是則何惑不斷。何果不成。而實亦無斷無不斷。無成無不成。特對迷心倒見者強分別耳。

楞嚴頓歇漸修說

前云汝但不隨分別三種相續。狂性自歇。歇卽菩提。何藉劬勞肯綮修證。似令一念頓歇也。此云菩提涅槃尙在遙遠。非汝歷劫辛勤修證。雖復多聞。祇益戲論。似令歷劫漸修也。阿難之根。不劣於滿慈。而滿慈之位。差勝於阿難。何其修證難易之相懸若是耶。此蓋世尊據念劫圓融之理。頓漸不二之宗。顯妄空以奪法執。斥徒聞而策眞修。卽所謂看孔著楔。應病與藥也。試論之。一念歇狂頓也。不了則流爲長劫。歷劫勤修。漸也。究亦不離於一念。此念劫頓漸。似相懸而實不離也。況乃念性元空。時節無體。迷時似有隔異。悟後本自圓融。一念本不殊長劫。而長劫原祇是一念。復何念劫頓漸之可疑哉。向使滿慈不索妄因而執實有。阿難不溺多聞而廢進修則世尊頓歇漸修之說。亦不容拈出矣。

金剛經實無有法發菩提心說

金剛經圓明五眼洞徹三心一段。乃解上文實無有法發菩提心者之義。謂衆生所以爲衆生者。爲有妄心故也。三心既不可得。衆生豈復可得。衆生不可得。誰爲能發之人。三心不可得。何爲所發之心。故曰實無有法發菩提心者。又妄心不可得。則全妄卽眞。衆生不可得。則全生卽佛。果見到全妄卽眞全生卽佛。是爲不發而發。稱性開發阿耨多羅三藐三菩提心。如此發心。何更有法可得。故曰實無有法發菩提心者。

楞嚴經知見無見說

楞嚴經知見無見一語。至爲要妙。總攝一切諸要妙句。以其卽是見猶離見也。華屋之門也。狂心頓歇也。不取無非幻也。闡復翳根除也。歸無所得也。滅妄名眞也。全修在性也。覓心了不可得也。心空及第歸也。子轉身而就父也。臣退位以朝君也。父子投機也。君臣道合也。以少方便疾得成佛也。緣起無生也。知之一字衆妙之門也刹那而登正覺也。體得無心道也休也。諸聖所知轉相傳授妄想無性也。一超直入如來地。回頭慚愧好兒孫也。自是不歸歸便得。故鄉風月有誰爭也。撒手到家何所似。更無一物獻尊堂也。知而無知。不是無知而說無知也。卽此見聞非見聞。無餘聲色可呈君也。根旣不立。塵無所緣。根塵兩亡。靈光獨耀也。類此句義。不能盡舉。唯此四句。攝盡無餘。所謂緊要處佛法無多子也。果能一念相應。是爲眞轉全經。古德如慈明圓權大道棲賢舜廣道者等諸人。於大見道後。皆作此工夫。謂之無心體道。以其是還鄉要路。歸眞祕訣也。

一乘決疑論說

欲得不招無間業。莫謗如來正法輪。此古德大慈悲心淚出痛腸語也。良以我釋迦如來。爲衆生故。修證此法。無央數劫。行諸一切難行法行。捨所愛之國城妻子頭目腦髓。不知其幾千萬億。至於道成。仍以平等大悲。順悉檀義而敷衍之。故凡一句一字。皆無明長夜之寶炬。生死苦海之慈航。凡在有情。孰不蒙益。而諸子以依通之見。肆口詆訶。障正法明。瞎將來眼。疑誤衆生。殊非小小。謂其無罪。寧有是處。茲以一乘之理。剖決羣疑。正大光明。直截痛快。蕩迷雲而淨盡。耀佛日以重光。誠爲法門一大金湯矣。當是時也。諸子天眼法執。果得已通已忘。自能深生隨喜。正使未忘未通。定當頓獲勝益。故知此論之作。非特有益於法門。實則有益於諸子。不唯有益於諸子。且深有益於天下後世之學者。請即流通。以廣法施。

相相離相心心印心略解

原夫境逐念生。念泯則相相離相。妄依眞起。達眞則心心印心。惟其離也。有相皆歸實相。即斯印矣。無心不屬眞心。是以滯相迷眞。頭頭障礙。背塵合覺。法法圓通。心相大端。略申管見。精微詳釋。以俟多聞。

淨土津梁跋

乙巳仲秋。衍法志公和尚。會刻淨土經論文集成。屬跋數語。余因歷觀。三經明因舉果。大開淨土之門。三論顯理破迷。的示唯心之要。龍舒文。導初機而精詳曲盡。指歸集。采衆善於事理圓通。或問數紙。搜抉禪者孤陋之疑。法語一章。力振行人因循之弊。雲棲願文自注。戒殺放生等篇。莫非往生急務。助行要門。至若蓮華世界詩。雖文出游戲。而理實圓常。況寫境傳神。引心入觀。攝化門中爲不可少。善哉。念佛一門。得此諸說。無機不被。無路不通。統萬流而歸淨土。誠爲一大津梁矣。爰爲題名曰淨土津梁。然而津梁雖設。履踐在人。撩起便行。阿誰無分。所貴賈勇先登。占寶蓮之上品。玄關直踏。獲法忍於無生。佛記早承。願輪速轉。徧刹網而縱橫應化。盡劫波以展轉津梁。則苦海勞生。由是而蒙利濟者。可復量哉。如其逐世波而忘返。趨險道以苟安。或則玩津梁而不進。守津梁以自足。不驚汩沒竛竮之苦。卒致問橋戀筏之譏。其何以慰集者之苦心。且深昧夫命名者之大義也矣。或曰。和尚秉單傳之宗。以祖道自任。當依本分。直截示人。夫唯心淨土。當處現成。自性彌陀。觀體不隔。

乃爲是津梁之說。以起人心外有法。去來取捨之見乎。噫。通元峯頂。不是人間。心外無法。滿目青山。本分直截耶。去來取捨耶。於此緇素分明。許汝會唯心自性。如或未然。莫寐語好。

跋德全禪人血書蓮華經

無我而靈者。佛知見也。有我而昧者。衆生知見也。生佛知見無殊。特一妄我間之耳。夫大迷之本存乎我。而我之最愛者莫過身。苟衆生之身見不亡。我執不破。則生死輪回。曷能自已。德禪人密發九品淨願。書成七軸蓮經。以無情之霜刀。刺難出之身血。十指瀝乾。一心不動。

偉矣哉。眞無邊苦海中。頓空我見。直出生死之勇猛丈夫也。噫。禪人初發是念。蓮華種植時也。日漸剌書。蓮華增長時也。七卷功圓。蓮華光香具足時也。如是則禪人之淨因已成矣。但當莫忘本願。繫心念佛。直待此方報謝。彼土華開。卽見佛聞法因圓果滿時也。雖然。卽今試問禪人。方金刀裂肉血筆縱橫時。其知疼痛而成點畫者。靈耶。昧耶。我耶。非我耶。佛知見耶。衆生知見耶。於此了然。則佛國非遙。寶蓮正放。或猶未也。請分明記取。以質諸彌陀老子。

跋明初禪人血書蓮華經

金刀未舉。班管未拈。盡十方是部血淋淋的妙法華經。於斯見徹。謂靈山一會未散可也。謂靈山一會本不曾會亦可也。向當時喝散可也。於今日再會亦可也。大用現前。不存軌則。如王寶劍。殺活臨時。如是刺血。如是書經。是眞精進。是名眞法供養如來。可以暢本師出世之懷可以來古佛泥洹之塔。直令十二類生。迎刃而命根頓斷。無邊法藏。點筆而文采全彰。莫不滴滴歸源。言言得髓。奚止刺無能刺。書無所書。鋪好華於錦上。指明月於天邊也哉。明禪人年齒尚少。向道唯誠。刺血書經。歸心樂土。果能聞是說而不生驚怖。是爲解第一義。上品生因。如其未然。直須十二時中。四威儀內。以書經之念。念念忘緣。刺血之心。心心憶佛。管取金臺可以坐待。妙諦不日親聞。否則必見我爲能書。經爲所書。彼是刺血時。彼是書經處。以生滅心。取實相法。轉不輕行。爲我慢幢。不特全迷妙法。遠背佛心。且深負此一點百劫千生不易發起之勇猛淨信。爲可惜矣。禪人其勉之。

書蓮華經普門品後

題標妙法。何法也。品號普門。何門也。說者謂。一光東照。十界圓彰。隨類現身。應念脫苦。未爲非是。特其末耳。直須未舉以前。向世尊開口不得處。大士回避不及時。親見法法此法。門門此門。正與麼時不與麼會。始具看經眼。否則入海算沙。執指爲月。不唯埋沒己靈。見惜明眼。將恐普門漸閉。而妙法終隱矣。默超居士有見於此。得是經而裝帙之。屬綴數語。普爲見聞隨喜者。震塗毒鼓。食少金剛。其意豈淺淺哉。

二有室跋

經云。從是西方過十萬億佛土。有世界名曰極樂。其土有佛。號阿彌陀。今現在說法。此金口誠言。分明指示。而世之昧者。猶謬執唯心。橫生異議。可悲也。因特書此以名余室。用警省焉。

余以二有名室。或者淺之。吁。是尙不知卽空之有。有而非有。况復雙泯雙存。超四句。該四句。圓教有門之有。與夫性具本有之有耶。其謂之淺也宜矣。無庸辯。

跋禪人勇建血書楞嚴經莊嚴淨土

首楞嚴者。稱性大定之名也。以如來藏心而爲體性。以耳根圓通而爲入門。以窮極聖位而爲究竟。此依藏性之理。起稱性之行。還復證入藏性全體。一經大旨。義盡於斯。故文殊於是請結經名。此後復明昧此難免七趣沈淪。修此須防五魔擾亂者。但反襯正宗。以補足其間要務耳。經中衆明淨土。其處有四。第一大勢至法王子。

親稟念佛法門於超日月光佛。其所陳念法。至為切要。而大士修因契果。自利利他。唯以念佛。皆悉具足。第二乾慧地中云。現前殘質不復續生。夫乾慧地。雖圓伏五住。見思尚猶未斷。何以便不續生。蓋超同居穢土。生同居淨土矣。智者大師是其明證。第三情想升沈中云。純想卽飛。必生天上。若飛心中。兼福兼慧。及與淨願。自然心開。見十方佛清淨國土。隨願往生。前乾慧地。猶屬聖位。此則博地凡夫。純想之心。便往生有分。此蓋我釋迦如來大慈悲心。熾然輪迴之中。特地拈出此橫出三界之要道耳。古今未入聖位之人。臨終往生者。是其證也。

第四流通分中。若有一人身具重罪。將招極惡。一念宏法。變其所受地獄苦因。爲安樂國。重罪尙然。況輕罪乎。況無罪乎。無福尙然。況有福乎。況多福乎。一念尙然。況多念乎。況終年終身乎。其往生不在中下品矣。古今宏法諸師。現相往生者。皆其證也。夫念佛法門。專逗十方之機。三根齊被耳根圓通。專逗此方之機。唯利上根。且示阿難以就路還家。故文殊大士曲爲揀選。非謂耳根獨勝。念佛便劣也。讀經者不可不知。禪人血書此經。流通大法。實爲希有難能之行。其於往生當必有分焉。

覆香嚴居士書

月內廿九日。得尊札。備悉一切。欣慰無量。讀札內有念佛期過三七。尚未見相好云云。觀此用心之切。立行之猛。此百日內。當必有大不思議之成就。但此時不可預存期效之心。存之則增躁動而翻爲障礙矣。此係修行門中微細心病。不可不知。直須深信諦了。心外無佛。佛外無心。全心卽佛。全佛卽心。一念現前。卽一念相應。念念現前。卽念念相應。但使此念常現在前。便是眞實效驗。離此念外別求效驗。便是間斷。便不親切。便入歧路矣。經云。是心作佛。是心是佛。正此之謂也。鄙見如此。不識居士於意云何。至如長水之問。瑯琊之答。鍼鋒直截明白。不可更爲蛇足。果能於此正眼洞開。覷破瑯琊。捉敗長水。楞嚴大旨。思過半矣。然雖如此。正好擲向他方世界。且自一心念佛。若日開少解路。則更不勞拈出矣。

柴紫錄久聞其名。第未親見其書。未可懸斷。寺中近日唯嘉園居士兼旬或一至。此外別無客跡。不慧逐日與諸衲子揮麈談經。罷即焚香晏坐。或讐校華嚴。或檢閱津梁。別亦無事。楞嚴已講竟六卷。約於後七月間。可圓全部。因思半載之內。兩終此經。亦閻浮提人生一大快事也。然唯循行數墨而已。絕無一字之新得。幷書以博一笑。

答江南彭二林居士書

仰惟居士。深入淨宗。廣陳法施。自他並利。解行俱圓。可謂現居士身。修菩薩行。不違本願。不忘佛屬者矣。向得三經新論。妄爲評題。不見罪責。已出分外。茲復寄示種種新刻。屬令論定。益覺赧顏。山野唯教乘大旨。粗知向方。而幼失問學。語不成文。故兩處住持。二十餘年。檀護之門。未投隻字。今感居士虛懷遠問。爲法之誠。遂頓忘固陋。罄己所知。直詞以告。其當否去取。唯高明以自裁焉。念佛決疑兩論。皆發前人所未發。一以見慧解之超卓。一以彰衞道之眞切。並沒量大人出格作用。可續入藏。永永流通。序跋皆精當。閒有可商之處。簽辯於後。

與瑞一李居士書

屢有書來。曾未覆答。師資心契。諒不我疑。聞在南中竭力辦公。盡心護法。修持不輟。勸導維殷。此則自行化他。二利並舉。世法佛法。一道齊行。或雁信時通。或口碑傳誦。每一聞見。且慰且欣。因思道無不在。豈分朝野。而修證之際。實有易難。的論修道。出家尙不易。況在家耶。居家已難。況居官耶。故知卽塵勞爲佛事。化熱惱作淸涼。苟非忍證無生。位登不退。深入如來之室。權現宰官之身者。恐終不免塵緣漸染。而道念日微也。今賢契信向此道未久。便能於衙繁官署。猛切乃爾。非宿善根力謂之何哉。雖然。猶須痛念三界無安。肉身苦惱。生死路險。人命無常。幸聞佛法。幸生信心。幻境幻緣。隻眼覷破。佛心佛行。亦體僭當。淨業得修且修。宦場可下便下。無少生留戀。無虛棄光陰。務期事辦一生。華開上品。庶幾不負自己多生熏習之善願。我佛長劫護念之慈恩。而成一世出世間之勇猛丈夫焉。

念佛伽陀附

教義百偈

一句彌陀　我佛心要　豎徹五時　橫該八教
一句彌陀　意旨如何　知音常少　木耳偏多
一句彌陀　大意分明　蛇生弓影　藥出金瓶
一句彌陀　名異方便　普攝羣機　旁通一綫
一句彌陀　開往生門　是多福德　非少善根
一句彌陀　臨終佛現　四辯親宣　六方共讚
一句彌陀　成佛標準　以念佛心　入無生忍
一句彌陀　證三不退　祇此一生　便補佛位
一句彌陀　滿十大願　豈得普賢　錯教了辦

一句彌陀　白牛駕勁　其疾如風　行步平正

一句彌陀　如來藏心　水外無浪　器原是金

一句彌陀　妙眞如性　春在華枝　像含古鏡

一句彌陀　清淨實相　絕議絕思　難名難狀

一句彌陀　圓融法界　覿體全眞　交羅無礙

一句彌陀　大圓智鏡　身土影含　重重掩暎

一句彌陀　空如來藏　萬法未形　一眞絕相

一句彌陀　圓滿菩提　天更無上　雲不與齊

一句彌陀　大般涅槃　一輪明月　萬里空寒

一句彌陀　開般若門　十虛萬法　一口平呑

一句彌陀　華屋門開　從者裏入　快隨我來
一句彌陀　入王三昧　似地均擎　如天普蓋
一句彌陀　得大總持　轉一切物　使十二時
一句彌陀　性本自空　星皆拱北　水盡朝東
一句彌陀　法界緣起　淨業正因　菩提種子
一句彌陀　如鏡照鏡　宛轉互含　重疊交暎
一句彌陀　似空合空　了無痕縫　郤有西東
一句彌陀　一大藏經　縱橫文彩　絕待幽靈
一句彌陀　一大藏律　瞥爾淨心　戒波羅蜜
一句彌陀　一大藏論　當念心開　慧光如噴

一句彌陀　一藏祕密　發本神通　具大威力
一句彌陀　渾全大藏　戒定慧光　流出無量
一句彌陀　繩本是麻　奈何不會　翻疑作蛇
一句彌陀　罕聞罕睹　影現鏡林　響宣天鼓
一句彌陀　無可譬喻　古鏡當臺　水銀墮地
一句彌陀　老婆心苦　運萬斛舟　發千鈞弩
一句彌陀　明明是有　四辯八音　婆心苦口
一句彌陀　的的是無　鎔他萬像　入我洪鑪
一句彌陀　亦無亦有　夢裏山川　鏡中華柳
一句彌陀　非有非無　捺著便轉　水上壺盧

一句彌陀　第一義諦　尙超百非　豈落四句
一句彌陀　妙圓三諦　最淸涼池　大猛火聚
一句彌陀　得大自在　轉變聖凡　融通世界
一句彌陀　有功者賞　王膳盈前　髻珠在掌
一句彌陀　里仁爲美；居卜來歸　枯椿非鬼
一句彌陀　非難非易　九品蓮華　一生心力
一句彌陀　就路還家　可惜癡人　棄金擔麻
一句彌陀　橫出娑婆　你信不及　吾末如何
一句彌陀　歸元捷徑　緊要資糧　唯信願行
一句彌陀　要在信深　蓮芽九品　抽自此心

一句彌陀　要在願切　寸心欲焚　雙目流血

一句彌陀　要在行專　單提一念　斬斷萬緣

一句彌陀　誓成片段　拌此一生　作箇閒漢

一句彌陀　只恁麼念　百八輪珠　綫斷重換

一句彌陀　不急不緩　心口一如　歷歷而轉

一句彌陀　愈多愈好　如人學射　久習則巧

一句彌陀　攝心密持　如人飲水　冷煖自知

一句彌陀　譬猶掘井　就下近泥　價廉工省

一句彌陀　類如鑽火　木煖煙生　暫停不可

一句彌陀　全身頂戴　人命無常　光陰不再

一句彌陀　如救頭然　盡十分力　期上品蓮
一句彌陀　妙圓止觀　寂寂惺惺　無雜無間
一句彌陀　險路砥平　直抵寶所　不住化城
一句彌陀　如水清珠　紛紜雜念　不斷自無
一句彌陀　頓入此門　金翅擘海　直取龍吞
一句彌陀　塵緣自斷　師子遊行　驚散野干
一句彌陀　驀直念過　一踏到底　香象渡河
一句彌陀　無相心佛　國土莊嚴　更非他物
一句彌陀　無爲大法　日用單提　劍離寶匣
一句彌陀　無漏眞僧　雪山藥樹　險道明燈

一句彌陀　滿檀那度　裂破慳囊　掀翻寶聚

一句彌陀　滿尸羅度　都攝六根　圓淨三聚

一句彌陀　滿羼提度　二我相空　無生忍悟

一句彌陀　滿毘梨度　不染纖塵　直踏玄路

一句彌陀　滿禪那度　現諸威儀　藏甚枯樹

一句彌陀　滿般若度　境寂心空　雲開月露

一句彌陀　想寂思專　未離忍土　已坐寶蓮

一句彌陀　一朵寶蓮　唯心之妙　法爾如然

一句彌陀　一朵寶蓮　凡情不信　亦宜其然

一句彌陀　一朵寶蓮　決定不信　眞箇可憐

一句彌陀　一朶寶蓮　直饒不信　已染識田

一句彌陀　宏通敢惰　入大悲室　坐法空座

一句彌陀　無盡寶藏　八字打開　普同供養

一句彌陀　斷諸煩惱　全佛全心　一了百了

一句彌陀　滅除定業　赫日輕霜　洪爐片雪

一句彌陀　能空苦報　世界根身　即粗而妙

一句彌陀　圓轉三障　即惑業苦　成祕密藏

一句彌陀　解難解寃　慈光共仰　法喜均沾

一句彌陀　報未報恩　裂纏綿網　入解脫門

一句彌陀　空諸惡趣　萬德洪名　那容思議

一句彌陀　機逗人天　參差三輩　掩暎九蓮
一句彌陀　化兼小聖　回狹劣心　向無上乘
一句彌陀　超然無礙　文殊普賢　大人境界
一句彌陀　微妙難思　唯佛與佛　乃能知之
一句彌陀　列祖奉行　馬鳴造論　龍樹往生
一句彌陀　因緣時節　異香常聞　蓮社創結
一句彌陀　利大象龍　永明禪伯　智者教宗
一句彌陀　感應非輕　少康化佛　善導光明
一句彌陀　有教無類　雄俊入冥　惟恭滅罪
一句彌陀　是無上禪　一生事辦　曠劫功圓

一句彌陀　理非易會　百偈俄成　三尊加被

宗乘百偈

一句彌陀　五宗公案　八裂七華　不勞判斷

一句彌陀　指向上路　不可言傳　直須神悟

一句彌陀　切忌莽鹵　瓜徹蔕甜　瓠連根苦

一句彌陀　何敢相嘲　合取狗口　打折驢腰

一句彌陀　現成公案　但辦肯心　必不相賺

一句彌陀　正好活埋　拗折竹杖　燒卻草鞋

一句彌陀　死了未燒　佛曾有約　天不須招

一句彌陀　莫問宗教　未擲藤條　先焚疏鈔

一句彌陀　計甚易難　三條竹蔑　七箇蒲團
一句彌陀　拳拳牢執　揑鐵稱錘　出黃金汁
一句彌陀　親切受持　一牛飲水　五馬不嘶
一句彌陀　念來便好　不用分疏　㟐蒙合道
一句彌陀　悟機尤妙　念極情忘　寒灰豆爆
一句彌陀　誰知如此　百丈鼻頭　雲門足指
一句彌陀　正好轉身　山盡無路　谿回有鄰
一句彌陀　踏上頭關　水不是水　山依舊山
一句彌陀　萬重關透　佛手驢脚　面皮多厚
一句彌陀　格外宗通　泥牛吼月　木馬嘶風

一句彌陀　三玄三要　除卻楊修　阿誰知妙

一句彌陀　天然五位　只爲分明　卻難領會

一句彌陀　全賓全主　師子咬人　鵝王擇乳

一句彌陀　四重料揀　收放卷舒　頂門有眼

一句彌陀　四種藏鋒　巖頭去後　誰善斯宗

一句彌陀　藏身無跡　此意誰知　華亭空憶

一句彌陀　本分禪宗　横擔楖栗　直入千峯

一句彌陀　密轉不已　自己山河　山河自己

一句彌陀　大有來由　暗中書字　窗裏出牛

一句彌陀　誰善舉揚　龜毛拂短　兎角杖長

一句彌陀　六八宏願　冷便穿衣　飢來喫飯
一句彌陀　是何宗旨　雪峯輥毬　天龍竪指
一句彌陀　得要明宗　攬草成藥　破壁飛龍
一句彌陀　全機勘破　勝金剛王　超木上座
一句彌陀　舊案全翻　喝退臨濟　棒走德山
一句彌陀　法身向上　如何若何　徒勞讚謗
一句彌陀　一點靈明　無星稱上　兩頭恰平
一句彌陀　一箇主翁　若然兩物　用著融通
一句彌陀　坐鎮寰宇　燒返魂香　擊塗毒鼓
一句彌陀　切莫顢頇　月圓當戶　日出連山

一句彌陀　重新指點　拽下禪牀　未是正眼
一句彌陀　成羣合夥　覷井覷驢　是渠是我
一句彌陀　居不待卜　盜入賊家　僧投寺宿
一句彌陀　父子投機　慈顏咫尺　愧久背違
一句彌陀　君臣道合　聖德天淵　慚難報答
一句彌陀　且淺商量　薰風南來　殿閣微涼
一句彌陀　子細商量　心外無法　東土西方
一句彌陀　的當商量　店中熒被　庫下賣薑
一句彌陀　含靈普育　日麗山川　春榮草木
一句彌陀　九品蓮華　種豆得豆　種瓜得瓜

一句彌陀　九品蓮華　布帛非儉　錦繡非奢
一句彌陀　九品蓮華　故鄉作客　別國爲家
一句彌陀　九品蓮華　壺盧架上　卻結冬瓜
一句彌陀　曾聞多嵩　雁過長空　影沈寒水
一句彌陀　今重告語　生實不生　去決定去
一句彌陀　念者爲誰　會得了也　猶欠鍼錐
一句彌陀　撥塵見佛　佛亦是塵　塵是何物
一句彌陀　於意云何　兩段不同　收歸上科
一句彌陀　願樂欲聞　草木眞香　山水清音
一句彌陀　惟德是馨　山不在高　水不在深

一句彌陀　別啟玄關　一般雲月　各自谿山

一句彌陀　是殺人刀　當場拈起　鬼哭神嘷

一句彌陀　是活人劍　略露鋒鋩　龍騰豹變

一句彌陀　轟雷掣電　法眼卷簾　三平斷案

一句彌陀　臨機自由　芭蕉拄杖　黃龍拳頭

一句彌陀　不用嘵嘵　但歸山去　自有柴燒

一句彌陀　頗深意致　買石雲饒　移華蜨至

一句彌陀　說山中話　六月松風　人間無價

一句彌陀　安樂故土　胡不歸來　鬧市有虎

一句彌陀　轉身就父　無計承歡　何敢背忤

一句彌陀　法本常住　綠樹啼鶯　動便飛去

一句彌陀　不勞融貫　心佛衆生　本來一串

一句彌陀　佛眼難窮　通身縣密　八面玲瓏

一句彌陀　∴字三點　喚破沙盆　作正法眼

一句彌陀　千車同軌　王庫寶刀　祖庭眞髓

一句彌陀　坐大寶蓮　彌勒非後　釋迦不前

一句彌陀　全心相委　似金博金　如水投水

一句彌陀　百千卷經　水中鹽味　色裏膠青

一句彌陀　常寂滅相　時至華開　鶯啼柳上

一句彌陀　是究竟道　下士聞之　呵呵大笑

一句彌陀　殊非草草　救取丹霞　喚回趙老

一句彌陀　萬古空平　當人面目　大地衆生

一句彌陀　明珠走盤　看則有分　道卽應難

一句彌陀　豐儉隨家　香巖錐子　眞淨袈裟

一句彌陀　建大法幢　寰中道契　化外魔降

一句彌陀　震大法雷　臥龍奮迅　蟄戶洞開

一句彌陀　吹大法蠃　木童撫掌　石女高歌

一句彌陀　擊大法鼓　日月停輪　山河起舞

一句彌陀　無邊衆生　同時度竟　豈待更稱

一句彌陀　無盡煩惱　輥成一團　全身靠倒

一句彌陀　無量法門　慈氏樓閣　武陵桃源

一句彌陀　無上佛道　不許夜行　投明須到

一句彌陀　且不是佛　名本非名　物原無物

一句彌陀　何止唯心　山自高高　水自深深

一句彌陀　心佛雙彰　兩輪互照　一統無疆

一句彌陀　心佛兩亡　水歸滄海　雲去帝鄉

一句彌陀　離見超情　水清月現　印壞文成

一句彌陀　恰有明證　趙州狗子　卻無佛性

一句彌陀　宗提格外　劫火洞然　者箇也壞

一句彌陀　道出大方　寂光有相　佛性無常

一句彌陀　人人知有　從東過西　進前叉手

一句彌陀　大家委悉　向下文長　付於來日

一信生必有死　普天之下。從古至今。曾無一人逃得。

二信人命無常　出息雖存。入息難保。一息不來。即爲後世。

三信輪回路險　一念之差。便墮惡趣。得人身者如爪上土。失人身者。如大地土。

四信苦趣時長　三途一報五千劫。再出頭來是幾時。

五信佛語不虛　此日月輪。可令墮落。妙高山王。可使傾動。諸佛所言。無有異也。

六信實有淨土　如今娑婆無異。的的現有。

七信願生即生　已今當願。已今當生。經有明文。豈欺我哉。

八信生即不退　境勝緣強。退心不起。

九信一生成佛（壽命無量。何事不辦。）

十信法本唯心（唯心有具造二義。如上諸法。皆我心具。皆我心造。）

信佛語故。則造後四。不信佛語。但造前四。故深信佛言。卽深信自心也。修淨業者。能具此十種信心。其樂土之生。如操左劵而取故物。夫何難之有。甲子七月訥堂道人書。

徹悟禪師行略

師諱際醒。字徹悟。一字訥堂。又號夢東。京東豐潤縣人。俗姓馬。父諱萬璋。母高氏。師幼而穎異。長喜讀書。經史羣籍。靡弗采覽。二十二歲。因大病。悟幻質無常。發出世志。病已。至房山縣。投三聖菴榮池老宿薙髮。越明年。詣岫雲寺恆實律師圓具。次年。聞香界寺隆一法師開演圓覺。師預會焉。晨夕研詰。精求奧義。遂悟圓覺全經大旨。復依增壽寺慧岸法師。聽講相宗。妙得其要。後歷心華寺徧空法師座下。聽法華楞嚴金剛等經。圓解頓開。於性相二宗三觀十乘之旨。了無滯礙。乾隆三十三年冬。參廣通粹如純翁。明向上事。師資道合。乃印心焉。是爲臨濟三十六世。磬山七世也。三十八年。粹翁遷萬壽寺。師繼席廣通。率衆參禪。策厲後學。津津不倦。十四年如一日。聲馳南北。宗風大振。每憶永明延壽禪師。乃禪門宗匠。尙歸心淨土。日課十萬彌陀。期生安養。況今末代。尤宜遵承。遂棲心淨土。主張蓮宗。日限尺香晤客。過此惟禮拜持念而已。五十七年。遷覺生寺。住持八年。百廢盡舉。於淨業堂外。別立三堂。曰涅槃。曰安養。曰學士。俾老病者有所依託。初學者便於誦習。師於禪淨宗旨。皆深造其奧。律己甚嚴。望人甚切。開導說法。如甁瀉雲興。與衆精修。蓮風大扇。遐邇仰化。道俗歸心。當時法門爲第一人。嘉慶五年。退居紅螺山資福寺。以期終歲。衲子依戀追隨者衆。師爲法爲人。心終無厭。遂復留衆。俄成叢席。擔柴運水。泥壁補屋。一飲一湌。與衆共之。如是者又十年十五年二月。詣萬壽寺。埽粹祖塔。辭諸山外護。屬曰。幻緣不久。人世非常。虛生可惜。各宜努力念佛。他年淨土好相見也。三月。還山。命預辦茶毗事物。十月十七日。集衆付院務。命弟子松泉領衆住持。誡曰。念佛法門。三根普被。無機不收。吾數年來。與衆苦心建此道場。本爲接待方來。同修淨業。凡吾所立規模。永宜遵守。不得改弦易轍。庶不負老僧與衆一片苦心也。臨示寂半月前。覺身微疾。命大衆助稱佛號。見虛空中幢旛無數。自西而來。乃告衆曰。淨土相現。吾將西歸矣。衆以住世相勸。師曰。百年如寄。終有所歸。吾得臻聖境。汝等當爲師幸。何苦留耶。十二月十六日。命監院師貫一設涅槃齋。十七日申刻。告衆曰。吾昨已見文殊觀音勢至三大士。今復蒙佛親垂接引。吾今去矣。衆稱佛號愈厲。師面西端坐合掌曰。稱一聲洪名。見一分相好。遂手結彌陀印。安詳而逝。衆聞異香浮空。供奉七日。面貌如生。慈和豐滿。髮白變黑。光潤異常。二七入龕。三七荼毗。獲舍利百餘粒。門弟子遵遺命。請靈骨葬於普同塔內。師生於乾隆六年十月十四日未時。終於嘉慶十五年十二月十七日申時。世壽七十。僧臘四十九。法臘四十有三。所著有示禪教律念佛伽陀行於世。嘉慶十七年壬申九月既望。有師之弟子惺聰者。持師行實。請述於余。余與師相契有年。素蒙開誨。啓迪良多。師眞過量人也。六根通利。解悟超常。既具辯才。兼持苦行。終始如一。余所目覩。故此述不容一字假飾。愧余不文。特質言之以傳信云爾。拈華寺慕蓮杜多體寬通申敬述

徹悟禪師語錄卷下終

淨土警語

菩薩苾蒭行策截流

勸發眞信

念佛三昧。其來尙矣。自遠祖崛起廬山。肇與蓮社六時淨行。遂成千古芳規。雖曰功高易進。乃末世行人罕獲靈驗。良由信願不專。未能導其善行以要歸淨土故也。今旣廣邀善侶。同修淨因。若非諦審發心。那知出苦要道。凡我同人與斯法會者。須具眞實信心。苟無眞信。雖念佛持齋放生修福。祇是世間善人。報生善處受樂。當受樂時即造業。既造業已必墮苦。正眼觀之。較他一闡提旃陀羅輩。僅差一間耳。如是信心。豈爲眞實。所謂眞信者。第一要信得心佛衆生三無差別。我是未成之佛。彌陀是已成之佛。覺性無二。我雖昏迷倒惑。覺性未曾失。我雖積劫輪轉。覺性未曾動。故曰莫輕未悟。一念回光。便同本得也。次要信得我是理性佛名字佛。彌陀是究竟佛。性雖無二。位乃天淵。若不專念彼佛。求生彼國。必至隨業流轉。受苦無量。所謂法身流轉五道。不名爲佛。名爲衆生矣。次要信得我雖障深業重。久居苦域。是彌陀心內之衆生。彌陀雖萬德莊嚴。遠在十萬億刹之外。是我心內之佛。既是心性無二。自然感應道交。我之苦切必能感。佛之慈悲必能應。如磁石吸鐵。無可疑者。所謂佛念衆生。如母憶子。子若憶母。如母憶時。母子歷生。不相違遠。若衆生心憶佛念佛。現前當來。必定見佛。去佛不遠也。具如上眞信者。雖一毫之善。一塵之福。皆可回向西方。莊嚴淨土。何況持齋秉戒。放生布施。讀誦大乘。供養三寶。種種善行。豈不足充淨土資糧。唯其信處不眞。遂乃淪於有漏。故今修行別無要術。但於二六時中。加此三種眞信。則一切行履無煩改轍矣。倘欲捨此度門。別商元妙工夫。則諸方宗匠如林。剎竿相望。正可隨處問津。不須投足茲社。若果名心永盡。素願攸同。時節因緣。幸常集會。依稀蓮漏。彷彿籃輿。今古如斯。遺風未泯。庶他生爲親近之津梁。即此世爲助發之資具。願交勉焉。

申勸

昔眞歇和尙云。佛佛授手。祖祖相傳。惟此一事。更無餘事。釋迦老子住世七十九年。說法三百餘會。獨於淨土之教。諄諄讚說而不已。得非以是爲超凡入聖之捷徑乎。然此法門。誠易誠難。夫執持名號。修衆福善。至心回向。即得往生。苟得往生。則橫截五道。頓超三有。直階不退。不歷多祇。豈非簡易。倘若娑婆事業。在在縈懷。一暴十寒。心不專篤。遇五欲時。如膠如漆。遭逢逆境。結怨銜恨。而欲命終彼佛接引。又必不可得之數。豈非難事。由此觀之。淨土法門。藥也。娑婆貪愛。忌也。衆生業病。教奉醫王。甫服其藥。復飽食其忌。可乎。及乎臨欲命終。重處偏墜。淨因微弱。難脫苦輪。翻謂醫王誤人。佛法無驗。悲夫。若輩顛倒極矣。曷不思匡廬法社十八高賢暨百二十三人。俱留瑞應。具載方策。古今日月。古今山河。彼既丈夫。我豈不爾。當知不爾者。祇是重處放捨不下故也。凡我同會緇白老壯。宜各痛念娑婆險惡。早求出離。六道之匍匐。九品之逍遙。利害天淵。大須猛省。必也生大欣厭。捨穢取淨。信此取捨與不取捨原非異轍。毋鶩虛名。毋執空見。毋受高帽禪和口頭三昧惑亂。毋求旦夕速效。妄冀心外有佛來迎。動諸魔事。不論居家時。入社時。恒以念佛爲正行。以勉修衆善爲助行。更於貪瞋習氣。刻意揩磨。使重處得輕。生處漸熟。淨念相繼。願行相資。自然千穩百當也。其衆行之中。則放生一事爲最善。但應諦思彼雖同性。猶屬異類。尙須救之。況我同類之人。障深業重。有不久墮入惡趣者。有現在地獄受苦者。彼地獄苦。劇於世間刀火。奚啻十百千倍。何容於此置之膜外。不圖拯救。然其拯救之法。亦惟在今日一心念佛。以速生安養。然後乘本願輪。運大神力。興無緣慈。擴同體悲。分身散影於十方剎土諸惡趣中。尋聲救苦。如觀世音菩薩。誓空地獄。如地藏王菩薩。拔一切衆生苦因苦果。與一切衆生世出世樂。攝一切衆生同覲彌陀慈父。到究竟安隱處。具如是志願。方是丈夫漢。若不具如是志願。則屆期聚首悠悠從事。雖念佛放生。亦只是尋常社會。豈曰無稫。非衲所望於諸上善友也。幸審擇之。

又申勸

淨土法門。雖諸佛諸祖共所讚揚。然當世士夫。一代時教曾未經目。苟非宿有靈根。焉得聞而深信。今爲略舉一二大經要論。以概其餘。使知法門殊勝。易生信樂之心。祇如華嚴一經。教門廣大。爲諸經中王。譬如杲日當空。掩衆星之彩。須彌橫海。落羣峯之高。其語世界也不曰恆河沙數。而曰不可說不可說佛刹極微塵數。普賢菩薩以智通力。一眼普觀無邊香水海。無邊刹土。如掌中果。從近至遠。隨其方面。一一指陳名號相狀。極樂世界在毗盧遮那本刹中。刹有二十層。上廣下狹。形如倒卓浮圖。娑婆與極樂同在第十三層。此層內有十三佛剎。微塵數世界圍繞。極樂世界。其一數耳。視本剎世界之多。猶如盡贍部洲百歲所收之穀總爲一聚。其中一粟相似。何況更視本剎外無邊剎種所有世界。尙可以言思計議哉。如是廣大經文。於末後結束處。乃以十大願王。導歸極樂。惟令生安養世界。惟願見阿彌陀佛。其專切勸發。反復丁寧。具在行願品中。茲不繁錄。又佛滅後六百年。西天第十二祖馬鳴大士。應佛懸記。重興正法。宗一百洛叉大乘經典。造爲一論。名曰起信。能令末世衆生。發起大乘正信。譬如錯衆采而爲錦。釀百華而成蜜。其建言析理。窮微造極。既備陳一切法門種種三昧。令修習正信已。復念一切法門。種種三昧。皆難修而易退。乃於末後更示諸佛勝異方便曰。復次初學菩薩。住此娑婆世界。或值寒熱。風雨不時。饑饉等苦。或見不善可畏衆生。三毒所纏。習行惡法。菩薩在中。心生怯弱。恐不能成就清淨信心。生疑欲退者應發誓願。一心專念佛及菩薩。以生決定心故。於此命終。必得往生諸佛刹中見佛菩薩。永離惡趣。如經中說。善男子善女人。專念西方極樂世界阿彌陀佛。以諸善根回向願生。決定得生。常見彼佛。信心增長。永不退轉。得入正位。是知佛世時文殊普賢。佛滅後馬鳴龍樹。如是諸大士。咸勸往生。兼願自往。親近彌陀。他如寶積大集等諸大部經中。稱揚讚勸。未易悉舉。然十方諸佛淨土無量。經論偏指歸極樂者。略有三意。一爲彼佛與此土人最有緣故。無貴賤。無賢愚。無幼艾。皆知阿彌陀佛號。若有苦屈。啓口發聲。無不稱其名者。二爲法藏比丘願力勝故。攝二十一億清淨佛土諸莊嚴事。總爲極樂世界一刹莊嚴。發四十八宏誓願。廣接十方念佛衆生。來生其國。蓋諸佛果德。雖實平等。因中願力。任運攝生。無差別中。有差別故。三爲阿彌陀佛卽法界藏身。極樂世界卽蓮華藏海。見一佛卽是見無量佛。生一刹卽是生無量刹。念一佛卽是念一切佛。卽爲一切佛所護念。以法身不二故。生佛不二故。能念所念不二故也。然諸經論。雖廣讚揚。此國衆生。初無知者。唯晉遠公崛起匡廬。肇興蓮社。一時名賢巨儒。不期自至。如劉遺民及宗雷等。皆服膺請教。道遂大振。繼自唐宋以來。禪學寖盛。士大夫有智識者。多雅慕宗門。趣尙高異。然上下千百年間。其眞能見性者。不過楊億侍郎。李遵勖駙馬。及許式郎中輩數人而已。餘皆游戲門庭者耳。遂令不思議勝異法門。委爲愚夫愚婦勾當。中間雖有三五尊宿。遞相祖述。然未必多接高流。廣度羣品。延及明季。乃有雲棲宏大師出。承宿悲願。以醇儒脫俗。專宏淨業。當世名賢。歸信者固多。疑毀駁難者亦復不少。大師以宏才妙辯。百戰不屈。翻成法喜之樂。由是緇素悅服。幾如遠公復生。永明再世。淨土之道。復得大振。是則起千餘年已墜之法門。厥功不旣偉與。烏呼。乃今往矣。末法昏衢。衆生垢重。險惡道中。失此良導。可不爲長太息者哉。予生也晚。弗獲親炙大師。寶其遺言。奚啻珪璧。每一展讀其書。輒不禁涕泗橫流。心意勇發。今住茲普仁以來。常得羣賢聚首。六時行道。洽我素心。然每遇一友與會。不敢以俗士目之。私心竊計曰。蓮華國土中。復增一勝侶矣。昔我釋迦本師懸記此土有六十七億菩薩往生彼國。此必一數也。雖知悠悠退墮者多。然既發意念佛。已入彌陀願海。如人食少金剛。終竟不消。縱勤惰遲速不同。究竟必生彼國。既生彼國。究竟必獲果證。八相成道。廣度衆生。故今於甫入會時。卽以未來諸佛相期待。非爲虛妄也。但不識衆友自待何如。苟能如衲所期待。以自期待。則凡現前善友。皆吾蓮藥連枝矣。然吾觀今之富貴利達者。或貪粗敝聲色。不知苦本。或著蝸角勳名。不悟虛幻。或復愛殖貨利。會計經營。現在碌碌一生。將來隨業流轉。彼佛剎中。依正莊嚴。無量勝妙樂事。不聞不知。從生至死。未曾發一念向往之心。反不如窮愚困厄之夫。多能念佛。從冥入明。轉生勝處也故今敬勸諸友。既各標名蓮社。便是火宅優曇。必也具眞實願。發忻厭心。視三界如牢獄。視家園如桎梏。視聲色如鴆毒。視名利如韁鎖。視數十年窮通際遇。如同昨夢。視娑婆一期報命。如在逆旅。信宿捨離。惟以歸家爲務。如意亦得。不如意亦得。捨得寸陰。一心念佛。果能如是。若不生淨土者。諸佛皆成誑語矣。願共勉之。

起三年長期示衆

凡欲與期念佛。令功行不虛者。當發三種心以爲方便。

第一發痛惜光陰心。雖約三年。光陰無幾。古人喻如連日瘧。發三度寒熱。期即告終。若非勤策身心。寸陰是競。未免見以爲長。若見以爲長。則悠悠歲月。罔罔襟懷。疲厭易生。淨功莫剋。豈不大可惜哉。況命在呼吸。安保三年。縱越三年。豈能長久。所謂如囚趣市。如羊詣屠。但得前行。步步近死。直須孜孜晝夜。矻矻暑寒。一句洪名。無時間歇。不用彌陀接引。淨土決定可生。凡我同行。愼勿銳始怠終。當視三年如一日。如一剎那可也。第二發專求出離心。夫此三年功行。非但不求世間福報。亦并不求功德智慧。辯才悟解。與夫世世爲僧。與顯佛法等願。

惟願命終得生彼國。脫生死苦。此願直須刻刻現前。如昔人被覆在千尺枯井中。受野狐訣。注視磨孔。一心欲出。視之既久。孔不加大。身不加小。任運飛出。念佛亦爾。專念彼佛。一心求生。念之既切。佛實不來。我實不去。自然得生。得此一願。則見佛聞法。斷惑證果。不假方便。自得心開。百千三昧。應念現前。不可說不可說微塵數大願。同時具足。所貴諦信力行。惟專惟一。始克有濟也。第三。發和順守約心。堂中既無多衆。早晚共住。稱同行善知識。各宜防身護口。謙恭巽順。互相砥礪。互爲標榜。此三年內。例如掩關禁足。當以山門爲界。不得出外行走。

雖親友病亡大故。亦不得破例而出。開他人效尤自便之端。每日恆課不得懈怠廢缺。惟除病患。不能飲食。然或坐或臥。亦須默默念佛。蓋病患中尤當急切也。恆課外有餘晷。須自檢點。勿放身心空過。不得閒談雜話。放逸戲笑。誤己妨人。更不得披覽外書。吟咏詩偈。非唯唐喪光陰。亦乃孤負檀越。本堂輪一人作監直。五日一換。挂牌交代。有不守約。不如法者。監直師即應勸諫。一諫輒聽者善。若三諫不聽者。白衆議罰。若監直師狥情容隱。不諫不舉者。隨事量罰。若諸師自嚴自重。各精進。不放逸。置規約於無用之地。則彌善也。勉旃勉旃。

起精進七期示衆

七日持名。貴在一心不亂。無間無雜。非必以快念多念爲勝也。但不緩不急。密密持名。使心中佛號。歷歷分明。著衣喫飯。行住坐臥。一句洪名。緜密不斷。猶如呼吸相似。既不散亂。亦不沈沒。如是持名。可謂事上能一心精進者矣。若是眞正道流。直能體究萬法皆如。無有二相。所謂生佛不二。自他不二。因果不二。依正不二。淨穢不二。苦樂不二。忻厭不二。取捨不二。菩提煩惱不二。生死涅槃不二。是諸二法。皆同一相。一道淸淨。不用勉強差排。但自如實體究。體究之極。與自本心忽然契合。方知著衣喫飯。總是三昧。嬉笑怒罵。無非佛事。一心亂心。終成戲論。二六時中。覷毫髮許異相不可得。雖則至心稱念。亦同肆口訶罵。雖則精進修持。亦是夢中苦行。如是了達。方是眞正學道人一心精進持名也。前一心似難而易。後一心似易而難。但能前一心者。往生可必。兼能後一心者。上品可階。然此兩種一心。皆是博地凡夫邊事。凡有心者。皆可修學。同堂緇素。切勿高推聖境。甘處下劣。各須勤策身心。近則七日內。遠則一生中。常作如是信。常修如是行。縱不剋證。爲因亦強。華宮託品。必不在中下矣。倘或七日之後。置若罔聞。熟處畢竟不生。生處依然難熟。無明業習。牽合交纏。僅欲邀功七日。而此七日。又未曾到一心不亂田地。正所謂少善根福德因緣。安望往生彼國。致令金口誠言。翻疑誑妄。是誰之咎乎。同七淨衆。願各自審而誡勉之。

料東法門

念佛求生淨土。釋尊於無量法門中。特垂勝異方便。然念佛一法。仍有多門。約而計之。不出四種。一者念佛實相。卽本覺理性。如大集等經所明是也。二者念佛法門。卽種種三昧。如諸大乘經所明是也。三者念佛相好。卽勝劣身相。如十六觀經所明是也。此三種念佛。勝則勝矣。非異方便。蓋必洞明事理。深達境觀。上智猶難。鈍根絕分。故也。四者念佛名號。即一心持名。如小本阿彌陀經所明是也。惟此一門。藉彼佛勝願力故。不論有智無智。上中下根。但執持名號。一心不亂七日乃至一日。即是多善根福德因緣。即蒙彌陀聖衆接引。即爲十方一切諸佛護念。又彼佛本誓。若有衆生。欲生我國。至心信樂。乃至十念。若不生者。不取正覺。是爲不思議異方便。惟其異。故勝也。所生淨土。亦有四種。一曰常寂光土。極果聖人所居。斷無明惑盡方得生。二曰實報無障礙土。別圓地住以上菩薩所居。斷塵沙惑方得生。三曰方便有餘土。四果聖人。及別教三賢菩薩。圓教十信菩薩所居。斷見思惑方得生。此三種淨土。勝則勝矣。非異方便。蓋必斷惑乃生。還同豎出三界。故也。四曰凡聖同居土。權實聖賢與博地凡夫共居。惟此淨土。仗諸佛攝受力故。不須斷惑。兼復帶業往生。但惟信願前導。感應道交。獨障稍輕。苦輪斯脫。而又即此同居安養。豎徹方便實報寂光。故上智即能頓淨四土。而下愚亦可三界橫超。無煩九次第修。不俟三僧祇證。是爲不思議異方便。惟其異。故勝也。如此最勝獨異法門。釋迦善逝。殷勤示勸於五竺遐邦。恆沙如來。廣舌讚揚於十方刹土。豈欺我哉。龍樹毗婆沙論云。佛法有無量門。如世間行路。有難有易。徒步則難。乘船則易。欲易行疾至。應當念佛。稱阿彌陀佛名號。疾得阿耨菩提。又智者十疑論云。在五濁惡世。求阿毗跋致。甚難可得。譬如跛人步行。一日不過數里。若信念佛三昧。乘彼佛願力攝持。決定往生。如乘船遇順風。須臾千里。又如劣夫。從轉輪王。一日一夜周行四天下。非是自力。輪王力也。乃世之駕言直指者。多以西方爲鈍置。謂此法門專攝鈍根劣器耳。苟能一超直入。何假他力。不思文殊普賢馬鳴龍樹。及此土智者智覺。咸發願往生。盡屬鈍根乎。世尊於寶積會上。勸父王淨飯并六萬釋種。皆生淨土。盡是劣器乎。不假方便。自得心開。安有如斯曲徑。甫育蓮胎。便階不退。奈何反屬廉纖。若夫已悟心宗。爲垂警策。猶曰生生不退。佛階可期者。其難易遲速。皎然可知矣。而世之學者。或疑或謗。或恥談而不屑道。雖曰非愚非狂。吾不信也。

九品略辯

淨土一門。雖廣攝諸根。咸登不退。而見佛久近。聞法大小。證果授記遲速。不啻天淵懸絕。大本經略分三輩。不及觀經九品爲詳。總而論之。上品以解悟爲本。中品以戒善爲本。下品純惡無善。惟臨終遇善友。一念信心。滅罪往生。析而計之。上上生者。所謂讀誦大乘。則宗說俱通。修行六念。則行解相應。故彈指卽生。見佛聞法。悟無生忍。須臾歷事十方諸佛。親蒙授記。僧如遠公智者。俗如劉遺民楊無爲輩。足以當之。上中生者。雖未及讀誦大乘。而能解第一義。是於已躬亦有悟入。而行證未逮上上生者。故經宿華開見佛。因前宿習。普聞衆聲。皆說甚深第一義諦。七日於阿耨菩提得不退轉。修諸三昧。經一小劫。得無生忍。上下生者。雖未有悟入。而亦發無上道心。自欲明見本性。卒未遂志。以求生者。七日見佛。三七日始聞妙法。經三小劫。住歡喜地。中上生者。乃在家淨信男女。持戒求生者。臨終見佛往生。蓮華尋開。聞說四諦。應時卽得阿羅漢道。以戒力專故。華開證果甚速。以未發無上道心故。所聞但四諦。所證但小果耳。中中生者。乃出家男女。持戒求生者。曰一日一夜持沙彌戒。持具足戒者。顯戒法殊勝。雖最促猶生。何況久持。然出家戒行精專。亦生中上。在家暫持齋戒。亦生中中。可互通也。臨終見佛往生。七日華開聞法。得須陀洹果。經半劫。成阿羅漢。中下生者。亦在俗男女。素未歸向三寶。而天賫仁孝。進道有階。臨終遇善知識開示。卽獲往生。七日見二大菩薩。聞法得須陀洹果。過十小劫。成阿羅漢。下上生者。乃在俗惡人。臨終遇善知識教。稱佛名滅罪往生。七日華開。見二大士。說甚深十二部經。發無上道心。經十小劫。得入初地。下中生者。乃出家破戒惡人。臨終遇善知識。稱佛說法。一念往生。六劫華開。見二大士。聞大乘甚深經典。發無上道心。下下生者。五逆十惡極惡之輩。兼僧俗二類。臨終遇善知識教。稱佛名十念往生。十二劫華開。二大士爲說諸法實相。卽發菩提之心。後二生未言登地時數者。亦如下上生發無上道心後十小劫也。中三品雖以戒善求生。自度心堅。度他行缺。故終得大乘而須暫登小果。下三品雖係極惡凡夫。

以聞二大士說甚深法。即能發無上心。雖經多劫。直入聖位。然則一念大小頓越權乘小果。一生精進遠超多劫華胎。大小遲速之間。發心策行者。當審所從事矣。悟後求生者。藉極樂境緣。結習易斷。三昧易修。速成忍力。度諸衆生也。未悟求生者。爲親近彌陀。易於見性。永明所謂但見阿彌陀。何愁不開悟。是也。禪淨二門。各宜專務。不必兼修。但彼此相非。深昧佛旨。參禪者無論悟與未悟。但獲往生。皆躋上品。修淨者雖五逆十惡。懺悔猶預下生。而必曰不謗大乘。則謗者不生可知矣。先悟後生者。如巨帆遇彼順風。念佛謗禪者。如敗種植乎腴壤。

其優劣之相。得失之關。誠不可不辯也。

示夏子彝居士

大阿彌陀經云。娑婆世界修行一晝夜。勝于極樂世界行善百歲。蓋以此土難於進修。彼土易爲功力。故也。例此而言。則風塵世路中修行一日。勝于深山淨剎修行百千日無疑矣。是故帝鄉可遊也。紅塵可入也。所謂淨願不可忘也。淨行不可缺也。嗟乎。風塵亦何能染人。第恐人自染風塵耳居士善根深厚。信力專篤久知選官不如選佛。此行蓋非得已也。然選佛場開。是處可入。無論深山淨剎。世路風塵。要須心作南車。願爲前導。苟所向不乖。雖終日途中。何異家舍。長安此地。不隔一塵。隨伊冒暑衝寒。經州歷縣。操觚捉筆。執轡揚鞭。處處道場。時時佛事。淨願淨行。常得現前。自然達清泰之上邦。面無量之壽聖。預九品之科目。極住行向地之升進。候十方諸佛息化之大闕。然後分身補處。發號施令。統理九法界人天。調熟七方便弟子。如是選官選佛。豈不誠大丈夫哉。然而說則易。行則難。深山淨剎則易。風塵世路則難。吾願居士爲其難者。則他時異日。必有大得力處。當念流光如駛。衰老日侵。長途往還。勿虛度好時節。定課外有餘晷。但只加持佛號。若楞嚴咒大悲咒等。容路俱不必也。

示丁耕野居士

昔寂室和尚云。世人欲修淨業。不可言我今忙迫。且待閒暇。我今貧乏。且待富足。我今少壯。且待老時。若分定常忙。分定貧乏。分定夭折。卽於淨業無緣修習。忽爾喪亡。雖悔何及。何如趁身彊健。努力修之。至哉言乎。然今人無論信樂者少。縱能深信淨土。而因循需待。蹉過一生者。比比皆是也。居士天姿醇謹。向見衲不久。卽能警悟無常。長齋事佛。蓋宿緣有在也。然居士家無恆產。歲以館穫得糈。夫家無恆產。則不足可知矣。身有館職。則不閒可知矣。年方半百。則未至衰老可知矣。乃一旦謝館不赴。卻諸門弟子。秉持滿分優婆塞戒。楗戶終年專力淨業。至於資糧薪水。初無會計。非勇猛丈夫而能若是乎。且以斗室狹隘。半供經像。于中避囂息影。銳意精修。一如夏屋寬舒。泰然自足。惟慮其不能久久如斯也。

嗟乎。夫人之居世。亦何定哉。竊嘗論之。暇莫暇于不失時。富莫富于常知足。強莫強于勤精進。今居士兼三者而有焉。則雖舉天下之閒者。富者。強有力者。與居士較。吾知其有名而無義矣。能如是。于生淨土也何有。然更有一語。願相告誡者。譬如萬斛之舟。欲有所往。檣非不高也。柁非不正也。資具非不完備也。去志非不決也。乘風張帆。有瞬息千里之勢。倘若船頭一樁未肯拔。卻被一條纜索繫住。雖種種推排。其能有濟乎。今時淨業人終日念佛懺罪發願。而西方尚遙。往生弗保者。無他。愛樁未拔。情纜猶牢故也。若能將娑婆恩愛。視同嚼蠟。不管忙閒動靜。苦樂憂喜。靠著一句佛號。如須彌山相似。一切境緣。無能搖動。或時自覺疲懈。惑習現前。便奮起一念。如倚天長劍。使煩惱魔軍。逃竄無地。亦如紅爐猛火。使無始情識。銷鑠無餘。此人雖現處五濁之鄉。已渾身坐在蓮華國裏。又何待彌陀授手。觀音勸駕。而始信其往生哉。或曰。彼居士勇猛精進如是。豈復牽于情愛。不幾于無病而授藥乎。予曰。不然。古人云。愛不重不生娑婆。又云。道念若同情念。則成佛多時。五通仙人累劫精勤。尚以欲漏未除。隳其功行。故知未登聖果以還。鮮有不被其繫累者。居士果世念輕微。道心勇銳。見欲如避火阬。憶佛如戀慈母。淨齋清課。永矢弗渝。又何妨以無病好人。常服良藥。豈不起居輕利。轉益強健乎。總之。煩惱無盡。而生死根本。則唯貪愛能漂溺行人。障往生法。是故先佛經中。處處訶責。但情愛一分疏淡。則淨業一分成熟。于生死岸頭。庶得解脫也。居士其勉之哉。

東顧兆禎居士

末法澆漓。人趨詐僞。求其履道存誠。敦古反樸。如我老居士者其人。皆不啻披星揀月矣。然淨友中得君家公臣。又得丁君耕野。復得翁君舜儀。皆屬居士令親。何祥麟瑞鳳之以類而聚耶。就中翁君大孝遺身。所謂難行苦行。我所未曾爲。亦所不能爲。心焉欽服。非復筆舌所可讚述。讀長歌。允稱其人。三復再復。彌見精麗。昔也知章八十耽吟。邱爲九旬工賦。居士年居邱賀之間。而著作亦兼擅其美。所冀惜分寸之陰。淡筆墨之好。回此精力。唯以淨業棲心。則慧芽增長。道種成熟。異日佛前蓮華化生。便非邱賀輩所可同年語矣。

答顧兆禎居士

前有數行奉寄。想已塵覽。頃接手書。乃有塵業情緣。卒難銷隕。何時得成妙觀等語。足知求道之切。然依鄙見。卽此厭塵情忻妙觀。正坐學道內障。且避諠求靜。處世未有其方。塵情果可絕乎。要知萬法本閑。惟人自鬧。善乎蕅益大師之言曰。雖曰六根幻馳六情紛動。仔細推求塵既不居其咎。根亦豈職其愆。根既不職其愆。情豈獨當其罪。三科剖析。既無眞主。縱使共合。那有實法。而我輩於此虛妄法中。著我耽人。舍彼取此。猶如揑目。亂華發生。更欲分別華相。孰妍孰醜。不亦謬乎。唯將身心世界全體放下。則智眼昭明。何處有塵情可厭。然欲念佛求生淨土。正不妨熾然起忻厭心。此忻厭心。著之則成惑病。了之則是方便。亦存乎其人耳。所言妙觀者。觀經不云乎。諸佛正偏知海。從心想生。衆生心想佛時。是心卽是三十二相。八十種好。是心作佛。是心是佛。只此數語。便是念佛三昧祕要。一切觀門。無不從茲流出。蓋知作而不知是。則墮在權小。知是而不知作。必落魔外。作卽空假觀。是卽中道觀。全是而作。全作而是。作是一念。三觀圓融。故大集經偈云。若人但念彌陀佛。是名無上深妙禪。至心想像見佛時。即是不生不滅法。智覺禪師云。一念相應一念佛。念念相應念念佛。佛是本覺之理。念即始覺之智。故知正念佛時。始本會合。理智冥契。能所俱忘。自他不二。無念外之佛。爲念所念。無佛外之念。能念於佛。超情越見。離句絕非。直捷圓頓。無過此者。除卻念佛外。豈別有妙觀可成耶。竊嘗論之。藥無貴賤。起病爲良。治本治標。宜隨緩急。居士以耄期之年。回心向道。縱得百齡。餘光有幾。可不思束其功於至穩至易之途。而尚似探玄問妙。徘徊跂望於其間乎。衲前晤時。非唯不譚妙觀。幷爲略去多種日課。僅以六字眞言相勸勉者。此、是海上奇方。能療急病。抑又標本齊治。緩急咸宜。貴在深信力行。古人所謂但見阿彌陀。何愁不開悟。然則何塵情而不銷隕。何三昧而不現前。然在今日。縱有百千法門。無量妙義。總置不用。唯此一味單方相贈。苟非斬釘截鐵。併力專持。其何以自振拔哉。若必謂持名功效。不及用觀者。則彼佛所具身相微妙。經論所開觀法深細。博地初心。恐不易成辦。終不若依小經專一持名爲穩當耳。但持名時。了達事理。一心不亂。即是觀境。不須別求玄妙。念老居士十分誠懇。忘年齒之、高。殷殷下問。故敢、罄布愚直之私。而一無諱忌也。惟審之擇之何如。

名字說與金水若居士

天台以六佛揀濫。初曰理性。次曰名字。始聞聖教。乃至明心見性。皆未出名字位。故知名字其時甚長。而其義亦甚深無量也。居士名善。字水若。達此名。識此字。於見性成佛之道。思過半矣。告子曰。性猶湍水也。決諸東方則東流。決諸西方則西流。人性之無分於善不善也。猶水之無分於東西也。異哉。告子之言性也。雖非儒宗中至義。乃翻有類乎如來之契經也。惜其屈於孟子之辯。而卒無以申明其說。是亦如蟲禦木耳。夫十法界本乎一心。則善不善法皆性具明矣。所謂性中有染淨種子。故世出世間無有一法而能外乎性。率性中淨種子而起現行。則爲君子之道。謂之修善。率性中染種子而起現行。則爲小人之道。謂之修惡。中庸曰。率性之謂道。孔子曰。道二。仁與不仁而已矣。道無分於仁不仁。卽性無分於善不善也。若性惟善而無不善。則三塗惡趣。非由心造。又豈得稱爲法界乎。是故一闡提人。雖斷修善。不斷性善。若斷性善。則終不成佛。諸佛聖人。但斷修惡。不斷性惡。若斷性惡。則不能現穢惡世界。折伏衆生。此性修之關。所當洞達。旣不能離性以起修。亦不得廢修而言性也。請以水言之。所謂性者。卽涇而就下。東流西流者也。所謂修者。卽決之東方。決之西方者也。居士欲修淨業。可不顧名思義。而審其所以修之之術乎。若其心念念趣貪瞋癡。日深月甚。輓之不回。引之不出。發於身口。多與惡相應。則所謂決之東方。終爲震旦國中人物。若其心念念厭離五欲。繫想阿彌陀佛。願樂親近。如子憶母。不爲業境之所牽。不爲他歧之所惑。則所謂決之西方。定於極樂世界蓮華化生。見佛受記。由是觀之。見性成佛。亦在乎決之而已。若能決之西方。而爲西流之水。則必不入三塗鼎沸之水。必不雜人天渴愛之水。不混凡夫之濁水。不沾魔外之惡水。不墮二乘之死水。不同權乘之客水。常得理水以潤心田。智水以融萬行。卽此名字位中。而圓合如來之性水。旣得與性水合。則會歸七寶池中。爲澄淨。爲淸冷。爲甘美。爲輕輭。爲潤澤。爲安和。爲除患。爲增益。而究竟成八功德之聖水矣。西流而極於此。眞能盡水之性者與。然吾審居士之名與字。是從孟子義也。非告子義也。若夫決擇善法。修習令滿。決破不善法。修除令盡。則君子道長。小人道消。而終止於至善之地。是未嘗不與告子合。未嘗不與宣聖合。亦未嘗不與西方之大聖人合也。居士其力決之乎。

首楞嚴經勢至圓通章

首楞嚴一經。說在法華之後。實爲佛法堂奧。昔智者判教時。此經未來支那。故唯以法華涅槃爲後味。若令一見。必廣有疏釋且判屬醍醐無疑矣。奈四依大士已滅。古今疏主。各與異見。久如聚訟。後學不具擇法眼。靡所適從。至欲盡廢疏解。唯看經文。亦過激之論也。及乎以己智尋經。又多不能達其旨趣。則終於昧昧而已。試平心論之。衆解豈無長處。然不失之乖謬。卽失之粗略。間有智識高超。出乎其類者。則又借此經發揮胷中剏論。有眞能舍己從經。曲順佛意。則西湖鑑一疏之外。吾未見其能竝美者。孰謂今人必不能邁古耶。或病其主張太過。譏其杜撰不無。縱未能無遺憾。要亦大有功於此經者矣。至於舍識用根。歸重圓通之說。則諸佛誠言。誰敢不信。此方教體。誰敢不遵。從而議之者。皆違經抗佛者也。現前諸善友既已標心淨土。復欲研究此經。甚不易得。然始末無論。只此圓通文中大有淆譌處。若非善讀善會者。則所謂醍醐毒藥。亦不甚遠。豈不聞楞嚴會上。選佛場開。觀音登科。勢至下第。修淨土人於此若不揀辨。何以發此經之密意。而堅後學之行願耶。但勢至法門。非此經要義。故鑑師疏中亦引而不發。今則先辨法門。次彰密意。辨法門者。當知此聖圓通。屬七大中根大。以都攝六根故。依此六根而修念佛三昧。有三種不同。一者念自佛。二者念他佛。三者念自他佛。若念自佛。則與諸聖圓通是同。以根性爲所念法門。以旋湛爲能念方便。如央崛經云。所謂彼眼根於諸如來常具足無減修了了分明見。乃至彼意根於諸如來常具足無減修了了分明知等。亦如此經十方諸佛同告阿難。令汝速證安樂解脫寂靜妙常。唯汝六根。更非他物。又如祖師云。在胎名身。處世爲人。在眼曰見。在耳曰聞。在鼻辨香。在口談論。在手執捉。在足運奔。識者知是佛性。不識喚作精魂。從上諸祖。如斯指示甚多。此念自佛三昧。具攝一切教義。一切禪宗直指法門。罄無不盡也。若念他佛。則與諸聖圓通有異。以六根爲能念。以果佛爲所念。法身雖復一體。我無二種莊嚴。諸佛福智圓滿成兩足尊。念彼果德。不生疲厭。眼常瞻佛相。耳常聞佛教。鼻常觸佛香舌常稱佛號。身常禮佛像。意常緣佛法。六根所注。無非佛境。如是相繼。無間無雜。此念他佛三昧。具攝一切彌陀藥師彌勒上生等經。及蓮社一切業行事想法門。罄無不盡也。若念自他佛。則與諸聖圓通同而復異。先須開圓頓解。了知生佛一如。心土不二。託彼依正。

顯我心性。既不迷性外有佛。亦不執彼土非心。此則開圓解處。與諸聖同。託他境處。與諸聖異。十六觀經所謂勝異方便。今文謂不假方便。自得心開。以此方便最勝極異。故不更假餘方便也。祇就圓頓教中三種念佛三昧。對四種淨土。略辨攝生大用。惟念自佛者。攝歸實報寂光二種淨土。然但能豎入。不能橫超。又但被利根。不能普攝。又則諸聖所同。不顯此門獨異。似非勢至攝歸本旨。今謂正攝念他佛及念自他佛二種行人。歸于同居淨土。兼復橫超方便實報寂光。是故文中深明感應道交之益也。次顯經密意者。選擇圓通法門。猶如國家用兵選將相似。或推作先鋒。或壓令殿後。殿後者爲正選。餘則各隨常隊而已。其推與壓。要非無故而然。祇如十八界中必先根次塵後識。此常例也。今以六塵居先。而根次之。六塵中必先色次聲以及香味觸法。今以聲最居先。而色次之。於六根中僅列其五。抽出耳根。置于二十四門之後。蓋以此方眞教體清淨在音聞。故以音塵開先。聞根殿後。而獨詳明之也。雖不顯言其故。人已覺之。旣歸重耳門。一經要旨。排列圓通。法應如是。然念佛法門亦逗此方機宜。末世衆生須依念佛得度。乃此經方令一門深入。直了自性。若復雙選二門。則昧本經旨趣。若令念佛法門直爾混依常隊。又失他經廣讚之意。故今巧示推壓。如軍中密令。未許泄漏。蓋前於十八界中明抽耳根爲重將矣。今乃於七大中暗壓根大爲重將。而此根大正屬念佛法門。既不違他經廣讚之宗。仍不乖此經用根之義。可謂至巧亦至密矣。夫七大次第。曰地水火風空見識。見卽是根。本應根先識後。今移識居第六。而以根大殿後。亦如十八界中之耳門也。又於前五大中。推火大作先鋒。而以地水風空次之。此有兩意。一爲當機墮婬起教。故以多婬召火。警多聞人。先除欲漏也。故文云。說多婬人。成猛火聚。乃至化多婬心。

成智慧火。諸佛呼我。名爲火頭。我以火光三昧力故。成阿羅漢。願爲力士。親伏魔怨等。明以警之也。一切經律中。皆以不殺爲首戒。此經則以不婬爲第一決定明誨。於三緣中。亦以欲貪先於殺盜。均此意耳。二爲末世對治重障。以煩惱雖多。惟婬欲爲生死根本最能障往生法。故令行人觀凡夫身內婬火。卽如來藏性空眞火。循業發現。深觀得悟。成智慧光。非唯不障往生。且能將送行人。託上上品。所以淨名讚婬怒癡。以其體卽藏性。而染淨功用在反掌間耳。故以火頭居先。亦如十八界中之陳那也。今請歷觀諸聖。除此二先鋒二重將外。餘皆一依常例。次第不紊。可見二十五聖起座之時。諸大弟子結集之際。一威一儀。一起一止。皆有深意。悉符教義。以粗心遇之。又安可得耶。然則觀音雖獨登科。勢至豈全下第。但於觀音則明選。於勢至則暗選耳。良以圓根別入。故明選。諸根總攝。故暗選。此方教體。故明選。此土有緣。故暗選。通益當機時會。現未衆生。故明選。別益惡世法末時。不見佛衆生。故暗選。虎榜高題處。人所共知。朱衣暗點時。人所不覺。故曰大有淆譌。須善讀善會也。或曰。既是密意。何得泄漏。曰。榜嚴選佛場中揭榜已二千餘年矣。此時若不明破。密將焉用。或又曰。誠如子言則文殊說偈選擇時。豈亦不知密意。何不遵前例。一概都揀耶。曰。諸聖自陳。各說第一。故寄推壓。巧示密機。若承敕正選時。一依前軌。何得成密。然但聲塵火大。準歸常次。以此二門別意助顯。非本所歸重。故不更推出。至於勢至法門。仍順長行。置識大後。爲二十四門之殿。未始不遵也。且既令專選一門。何得不揀勢至。觀其揀辭。仍與諸聖不同。但曰因果今殊感。云何獲圓通。意謂彼雖都攝六根。淨念相繼。而此相繼之念。旣屬行蘊遷流。亦生滅法。以此爲因。欲往生見佛。誰曰不可。今欲現證不生滅圓通。則因果不符。何能克獲。此揀現獲圓通爲難。非揀往生後益也。其餘諸聖單念自佛。唯屬現修現證。故揀則全揀。以不逗此土機宜。不合此方教體故也。有志修證者。亦可以深長思矣。然此為信力未堅者說。若果深信淨土。縱令楞嚴獨貶勢至。亦自不疑。何以故。以他經廣讚故。曰不可思議功德。曰世間難信之法。曰一切佛護念。曰無上深妙禪。曰勝異方便。曰三昧中王。多處極讚。既不生信。一處乍貶。何輒生疑。而況曾不獨貶。而況復示暗選乎。奈末世衆生讀此經者。既不能依教從耳門深入。現證圓通。偏於念佛法門。好起疑惑。乃至破他淨信。障他善行。薄福少智人往往習氣如是。故玆約法依經。曲爲辯析。不自知其辭之叢沓也。豈得已哉。

旅三字說

妙法華經云。三界無安。猶如火宅。若貪著生愛。則爲所燒。故先佛世尊方便勸諭。引之令出。以此宅中衆苦充滿。難可安居也。蕅益大師淨信集云。自寂光眞性騖於五住塵勞。而一切含識鮮有恆居。雖四禪四空及方便土。亦屬旅泊。旅之時義大矣哉。夫旅者。以行旅之人次於旅舍之謂也。旅必有伴。亦必有處。亦必有其本業。今曠觀三界之中。同一旅也。而人異其業。業本旣異。而處與伴亦殊焉。慨自有識以來。經塵沙劫波。積骨逾於富羅。飲乳過於溟渤。於中蛉蜗之狀。飄泊之苦。有不可勝言者。時而與獄種爲伴也。則惡逆爲其本。有間無間。是其旅處。時而與鬼趣爲伴也則慳貪爲其本。曠野山澤。是其旅處。時而與畜類爲伴也。則愚癡爲其本。水陸空界。是其旅處。時而與修羅爲伴也。則瞋慢爲其本。須彌大海。是其旅處。時而與人道爲伴也。則綱常爲其本。四洲諸國。是其旅處。時而與欲天爲伴也。則戒善爲本。地居空居。是其旅處。時而與色無色界爲伴也。則禪定爲其本。四禪四空。是其旅處。方其旅也。隨處而著。不知其旅也。嗟乎。故鄉之夢。尙自朦朧。客次之居。豈爲究竟。是非託安養以橫超。悟寂光而上徹。又孰能外乎旅義也哉。天都汪潤生居士。法名性淨。別字旅三。去家遊學有年矣。晚居琴川。有令嗣長於才。夙柄家政。故居士得不爲家累。雖厚棟華軒可以逸老。以居士視之。蕭然若寄也。居士恆長齋事佛。以淡泊無欲爲養。以操修問道爲兢兢。康熙乙卯歲仲秋之朔。乃其七十揆辰。諸親友故舊爭爲文以祝之。詩以頌之。居士謝而弗視。視亦不審。曰徒周章乎耳目耳。與其諛言之來。以沽吾名。孰若法言之及。以裨吾心。爰以旅三之字而請說於予。予思居士既旅乎三界。是得其旅之大者也。豈天都琴邑云乎哉。然吾竊觀夫居士之邦人族士。類多操奇贏走四方。其於旅也。惟獲其利。未盡其義也。今居士旅於斯。設有人焉。告之以猗生煮海之謀。進之以郭氏治山之策。吾知居士必掩耳而去之矣。獨茲七旬介壽之期。乃能卻朋樽而不顧。置牲鼎而不御。訪予於枯澹寂寞之濱。咨予以異世乖俗之旨。可謂眞淳未散。大樸猶存。其幾于道者乎。曰。猶未也。夫既曰旅三。則一切法趣旅。更無有法過於旅者。所謂隨處而著。不知其旅理性旅也。了此三界同爲逆旅。本業處伴。各各差殊。名字旅也。知其非家不住不著。於粗敝境。不生貪戀。觀行旅也。客塵煩惱。方便折伏。悠悠旅夢。彷彿欲醒。相似旅也。不離法界。隨寄塵寰。哀此旅人。盡力津濟。分證旅也。是朽故宅。屬於一人。我常在此。說法教化。大火所燒時。我此土安隱。究竟旅也。苟不達此義。則於郵亭傳舍。誤認家鄉。諸所謀求。無非火宅中事。又或畏此旅途。多諸苦難。歸心孔亟。去不還來。將使六宇同昏。四生奚賴。若此者皆無當於旅義也。然則居士之在今日。惟當以安養爲歸宿之地。毋終爲堪忍之旅客。若夫華開見佛。獲證眞常。又當睠此娑婆。再來僑寓。將護衆伴。誘掖羣迷。更於異域殊方。

分身應迹。往來三界。終不疲厭。斯爲究竟旅人庶不虛居士立字之意矣。

觀佛毫相法

觀無量壽佛經云。若欲生西方者。當觀一丈六像在池水上。又云。身相衆多。不可偏觀。須從一相好入。謂專觀白毫一相。待觀成熟。餘相自然顯現。毫長一丈五尺。周圍五寸。外有八稜。中則虛通。彷彿如瑠璃筒。在兩眉中間。表中道也。右旋宛轉。白如珂雪。瑩淨明徹。顯暎金軀。作此想時。令心堅住。心若昏散。制令明靜。蓋明則不昏。靜則不散。當知明靜是止觀之效。定慧之體。亦即心之本體。止觀是工夫。定慧是因行。明靜是功效。明靜之極。頓合本體。若至果上。即成福智二種莊嚴也。今身心寂定。止也。觀佛毫相。觀也。毫相歷然。明也。堅住不動。靜也。所謂託彼身相。熏我心性。觀智若成。自然顯現。正此義耳。然欲修此觀。須了萬法唯心。經云。心如工畫師。造種種五陰。一切世間中。莫不從心造。故知彌陀毫相。自是我心本具。定中所現。亦是我心造出。是心作毫相。是心是毫相。不從他得。不向外來。如是了達。方名如法修觀也。總之。能觀觀智。爲一心三觀。所觀毫相。是一境三諦。何以故。定中毫相。雖現在前。皆想念因緣。無實性相。此因緣所生之法。法爾無自性。無他性。無共性。無無因性。四性皆空。故無實性。而此想念所生毫相。非惟性空。相亦叵得。如鏡像水月。故無實相也。性相無實。故卽空卽眞。隨念能見。故卽假卽俗。卽假卽俗。故非眞空。卽空卽眞。故非俗假。此則作是一念。遮照同時。離卽離非。是卽非卽。故爲三一圓融不可思議中道觀境也。全諦發觀。觀還照諦。境觀不二。唯是一心。故古德頌云。境爲妙假觀爲空。境觀雙亡卽是中。亡照何曾有前後。一心融絕了無蹤。此頌影略。須略釋其意。言境爲妙假。則空與中在其中矣。不具空中。焉稱妙假。言觀爲空。卽妙空也。而中與假在其中矣。言境觀雙亡。則雙照在其中矣。雙亡即非空非假。雙照是即空即假。二邊不著。亦復不離。故即是中道。而下二句。即言亡照同時。一心融絕也。蓋境雖具三。既屬所觀之境。但稱妙假。觀雖具三。既屬能觀之觀。但名妙空。境觀雖各具三。既用雙亡雙照之妙觀。冥合雙非雙即之妙境。但是妙中。由是舉一即三言三即一三一非同。三三非異。不可以意識思量。不可以名言分別。故曰亡照何曾有前後。一心融絕了無蹤也。境觀圓融妙理。以四語總攝無遺。透此妙伽陀。勝讀台宗書數百卷。然非明了一心。淹貫台教者。恐未易透也。經云。但聞白毫名字。滅無量罪。何況如法繫念。釋迦如來金口垂示。天台智者勸令專修。近代唯幽谿大師常修此觀。今淨業行人苟能一心持名。往生可保。兼修妙觀。則託品必高。利根上士。胡不勉而行之。

淨土警語終

起一心精進念佛七期規式

虞山普仁院淨業比丘行策定

事例

擇清淨廣廈以爲七堂。中奉彌陀聖像。懸諸華旛。然燈燒香。七日不絕。但以香光莊嚴。如法供養。不用蔬果讚吹等。堂中左右各設長桌一張。亦用香爐供具嚴飾之。桌外各設坐椅四張。中央向佛設長桌一張。與左右桌齊兩橫離一二尺許。可通出入。桌上供疏文一道。大爐一座。華燭供具。須令相稱。桌外放蒲墩四箇。左右近壁若無禪牀。則多設坐位。以便隨班退坐。其同行淨侶定十二人。分爲三班。每班四人。首位司引磬。記持佛號。以千聲爲度。次位司小魚。後二位司巡察。見班中昏散者警之。中央面佛爲第一班。近西一人爲班首。即是七主。右邊東向爲第二班。近上一人爲班首。左邊西向爲第三班。近下一人爲班首。佛前上下兩長桌上。各置引磬小魚一副。用過隨放桌上。凡七堂施設。須於隔宿事事周備。同七緇素亦須隔日齊集。沐浴已。預請主七師分班定位。教示演習。每班繞佛百聲。即歸位換班。於旋繞中間。蕭鳴大魚六下以代食梆。三班如法出堂。乃至齋堂旋念。止魚接板結板接佛。歸堂旋坐。一一指教明白。令衆委悉以期中戒語。不便指授。故須預習也習已。各自至誠禮佛。求佛加被。令七晝夜中所作成辦。不起內外魔障。事畢早息。毋致疲勞。

第一日五更報鐘鳴。衆起盥漱畢。用湯點入堂。主七師鳴引磬。禮佛三拜。各依位立定。舉香讚。誦阿彌陀經。聲須和緩。往生咒三徧。起讚佛偈。卽稱佛名。中班鳴引磬二下。問訊旋繞。左右班乃端坐默隨。若昏散重者。當微動脣齒。庶免坐忘間斷。幷落昏沈無記性中。其神氣淸明者。當閉目靜聽。一心緣佛。使心中佛號。朗朗如貫珠。

不雜不斷。首班旋繞畢。仍於下邊立定。於陀字上鳴引磬一下。次班卽從座起。從容出位。於佛桌邊一行立定。首班復鳴引磬一下。又四五聲佛。後於陀佛二字上連鳴兩下。卽止佛問訊。就右邊空位坐。次班接佛問訊。旋繞如前。佛號畢。仍於上邊立定。三鳴引磬。末班起座出位。於下邊接佛旋繞。一如前式。次班復就左邊空位而坐。默隨佛號。如是三班。周而復始。從旦至暮。佛聲不絕。每稱念一千。默隨二千。旋行一千。安坐二千。庶幾身口弗疲。勞逸均等。凡旋繞畢時。但看無小魚桌邊。方乃就立。則上下永無差誤矣。十二人外。不論緇素多寡。亦分三班行則隨行。坐則退坐。

齋堂鋪設圓位。三面長桌相接。唯下方中央少空通行。堂出入四面近壁皆可回繞。（設位本方而曰圓者取周帀回旋之義也）三時粥飯外。午前加食一餐。蔬菜止二簋。兩人共之。每食行食畢。鳴梆六下。（表南無阿彌陀佛）堂中聞梆聲。不論何班。旋繞如常。旋念至疏桌邊。班首置數珠於桌上。取引磬鳴二下。問訊。（若佛聲太急即于此時改為緩念）左右班起立。同聲稱念。班首帶引磬。從中路向佛旋行。仍從中路出堂。若首班在前。餘兩班次第隨行。須待本班緇素行盡。次班方可接行。若值中班在前。則末班隨行。首班居後。若末班在前。則首班隨行。次班居後。不得越亂。到齋堂。右旋一帀。候末位到齊。班首卽鳴引磬二下。止魚停佛。緇素隨所到處。就位坐定。不得推前遜後。不得抽身離位。隨坐隨食。不用問訊念誦出生等。旁懸板椎一副。預令沙彌立板椎邊。候小魚停止。接板念佛。每聲鳴板二下。衆等食時一心緣佛。不可須臾放逸。食訖。班首於南字上鳴引磬一下。沙彌卽於陀佛二字上連擊二下。結板。衆齊出位。亦不問訊。卽起佛右繞歸堂。一依前次。班首行至本立處。鳴引磬二下。問訊。置於桌上。仍取數珠繞佛。餘班歸原位坐。其左班西向者。須順旋至桌邊。從末位進。毋直歸。

毋逆行。凡歸位出班。及有事出入。並須安詳徐步。毋得踉蹌疾走。入夜日光初暝。供疏桌上。亦然長燭。此後約每班兩回旋念六千佛竟。更俟下班接佛旋行時。七主出位鳴引磬一下。堂衆皆起同聲旋念。不復論三班緇素次序。但約旋念十數帀後。七主於下方中央面佛立定。三鳴引磬。結小魚一陣。止佛。衆皆面佛。鳴引磬同念發願偈云。弟子衆等至心發願。

願命終時神不亂　正念直往生安養
面奉彌陀值衆聖　修行十地勝常樂

於末後三字緩鳴引磬三下。即禮佛三拜。歸單就寢。衆等爾時尤宜防護三業。正念寢息。不得作餘事。說餘語。起餘雜想。亦不得禮餘佛。誦餘經咒。縱有恆課終身不缺者。亦皆停止。寧于七日後追補之。不然則未免間斷夾雜。又烏得稱爲七日持名一心不亂乎。寢息後。兩炷官香將盡。香燈師預通廚房辦面水湯點。即鳴報鐘。此後六日入堂。禮佛已。即起讚佛偈。不誦經咒。餘皆如初日行持。期中請定護七師二人。爲一期外護。凡緇素隨喜。毋令入堂。唯專爲念佛來者。乃導之使入。禮佛三拜已。即送隨班旋念。或送左右班後。不得揖衆共語。若未滿期欲去。亦但禮佛而出。不用別衆。緇素於七前預到。

發願終七者。必須終竟一期。不同隨喜之例。倘年高有疾。力難支遣。可密啟護七師。乞其寫帖轉達七主。或旋行時少坐。或入夜後早息。當破格方便之。次立監直師一人。衆中有違約者。即登名記罰。不可放過。次安香燈一人。行者二人。香燈司爐火香燭之事。遇燭暗則翦。香盡則換。衆赴齋則守堂不出。衆就寢則看香定夜。須老成者充之。若疲乏之時。憖與監直師更換寢息。不可失事誤衆。行者司茶水洗沐等事。午前行茶兩次。午後不拘次數。入夜復行一次。每行畢。隨收器盪滌。俟旋念班坐定。還須補行。凡盆水浣濯。衆所需待者。皆當盡心供辦。

護七師須隨時經理。毋令懈廢。

滿七之日。入夜六千佛竟。更俟下班接佛後。主七師如常鳴引磬。三班同起。旋念五百聲佛。主七師於佛桌東首向佛立定。鳴大磬一下。衆皆面佛。鳴第三下時。隨接鐘鼓一通。鳴大魚。跪稱觀音勢至清淨海衆各十聲。如晚課例。小淨土文回向禮佛十二拜。菩薩三拜。三自歸畢。隨鳴大磬一下。衆相向側立。主七師至下方中央展具禮佛長跪。衆稱南無大乘常住三寶。護七師宣疏畢。仍鳴小魚。誦往生咒送疏。不拘徧數。結咒已。念發願偈。問訊。回至佛前。衆同展具作禮。三拜收具。問訊。鳴引磬引衆出堂。詣主七師室中禮謝。主七師同衆至護七師處。及諸職事師處。巡寮敍謝訖。然後歸堂圓禮。爲一期事竟。

罰例

罰有三等。上罰錢百文。中罰五十文。下罰十文。不論錢之貴賤。準此爲式。堂中懸水牌一面。置筆硯一副。有應罰者。監直師隨書牌上。書已。持示本人令知。俟期滿結算某某罰錢若干。仍令本人買香供佛。或放生命。若無錢者。罰持往生咒。每咒十徧。準錢一文。

期中第一禁止語話。不論堂內堂外。未起佛前。已止佛

後。但有犯者。一上罰。三犯者出堂。若有不得已事。必欲

語。可密告護七師。一兩語即止。若多語高聲語罰同。

凡欲抽解著衣等。竟自起身。事畢速還。託事在外延緩

者。一下罰。若私入寮舍。坐臥片時者。上罰。

有事欲出堂。須甲來乙去。甲若未還。乙須少待。或時事

迫促。亦得兩人並出。若四人中兩人已出。第三人復出

者。一下罰。隨班後坐者不拘。

旋繞未竟。不得越班而出。須待歸位坐定。方可抽身。若

越班出者。緇素同一中罰。

上班繞佛將畢。下班不得離位。若非時出堂。以致臨班

不到者。一中罰。

隨班緇素。當旋繞時。非年高有疾。稟白在前。輒自坐立者。一下罰。

若安坐時。性不耐坐。混入他班旋念者。一中罰。

數數出入者。一下罰。除有疾。

出班歸位及出堂入堂。並須威儀庠序。踉蹌急遽者。一下罰。

堂中行動。左旋梗衆者。一下罰。

衝班出入者。一下罰。

香燈師不在堂。遇燭暗香盡。左右班中首末四位或後坐衆。俱得暫起代行。唯旋行緇素。不得翦燭添香。佇立妨後。違者一下罰。

三班緇素中。有不善隨魚者。臨班須默念。或低聲念。若高聲亂衆者。一下罰。護七師當引至僻處。密啟令知。

入夜止佛後。須隨衆安寢。若更禮佛持誦作餘功行者。一中罰。香燈師應勸止。若不聽。方白監直師記罰。食時赴齋堂隨行兩班。前後失次者。二班首各一中罰。

齋堂食畢。起身抽解者。一下罰

定夜失時。致入堂後。三班旋念。未滿一回。即天明者。香燈師一下罰。入堂輒曉者。一上罰。或昏睡失香。失之太早。致衆疲乏之者。一中罰。

監直師隨時隨處。當爲衆勤察。依式登記。若屢犯不知。或雖知不記。罰同本人之例。

凡同七護七諸師。於未起七前。並須熟規式。次將罰例錄出。粘客堂前。有後到緇素。先令細覽條約。方送入堂。或不解文義。當與摘要說知。若造次引送。以致入堂昧昧。動輒犯約者。護七師一下罰。

此三等罰。共計二十三條。今開明記罰式如左。

犯不語禁。一上罰。

多語。一上罰。

高聲語。一上罰。

私入寮舍坐臥。一上罰。

定夜失時。一上罰。

越班出堂。一中罰。

非時出堂。一中罰。

亂班旋念。一中罰。

入夜別作功行。一中罰。

隨班失次。一中罰。

定夜失時。一中罰。

託事久出。一下罰。

接踵出堂。一下罰。
臨班坐立。一下罰。
數數出入。一下罰。
行動急遽。一下罰。
左旋梗衆。一下罰。
衝班出入。一下罰。
佇立妨後。一下罰。
高聲亂衆。一下罰。
食畢先起。一下罰。
造次送人入堂。一下罰。

定夜失時。一下罰。

如上條例。事在必行。蓋欲制止放逸。助成勝行。非好爲煩刻也。行者當念一生悠忽。止此七日精進。各須激切奮勇。不惜軀命。無論行住坐臥飲食便利。一句洪名。當如呼吸不斷。不可斯須停止。俄頃夾雜。既欲一心不亂。大非尋常念佛可比也。思之勉之。

疏文（封面寫念佛七期回向發願疏 秉教修淨主七沙門某甲具緘）

伏以一心圓淨。卽五濁而不違淸泰之鄉。三界橫超。雖九品而豈隔庸凡之位。融勝三昧王於性海。轉第一義諦於口輪。道在人宏。佛隨機應。口國某省某府縣某寺苾芻某甲等。卽日熏沐投誠。稽首歸命娑婆教主本師釋迦牟尼文佛。極樂世界接引導師阿彌陀佛。觀音勢至一切聖賢。同賜慈悲。俯垂證鑒。切念弟子某甲與現前衆生等。生逢劫濁。報屬凡軀。三業六根。旣無罪而不造。五趣八難。亦無苦而不嘗。暗識相傳。曾未覺悟。死生浩漫。解脫何期。所幸宿植微因。得生正信。早入彌陀願海。專修淨土法門。祈寶域以棲神。託華輪而送想。用是依經立軌。準教崇修。謹于今月某日爲始。啟建一心精進念佛道場七永日。於中嚴飾堂儀。肅分班次。執持聖號。終食無違。存想洪名。須臾不離。以斯功德。回向往生。

惟願阿彌陀佛慈悲攝受。與諸聖衆親垂接引。必令諸根寂靜。正念昭彰。須摩境現于目前。金色華敷于捨報。如經所說。願悉不虛。又願以此七日精進功德。普令衆等斷七支惡。滅七遮罪。除七慢障。離七穢行。遊七寶池。布七淨華。具七辯才智。演七菩提分。超七方便位。證七常住果。又願以此三班淨侶十二僧伽和合修持所生功德。普令衆等絕三惡道。轉三重障。淨三聚戒。歷三乘位。越三界而長騖。冠三輩以高躋。深入三解脫門。圓發三如來藏。又願衆等得成佛已。坐道樹下。三七思惟。爲諸衆生說三乘法。三轉四諦十二行法輪。廣說三世十二支因緣流轉還滅逆順法門。究竟同趣薩婆若海。又願於此七日之中。若緇若素。若遠若近。若久若暫。若來若去。乃至執勞運力。隨喜見聞。咸出苦輪。俱生樂國。共睹須彌毫相。同瞻法界藏身。又願衆等既得往生安養。親近彌陀。乃至一切如來。悉得承事。一切佛土。悉往莊嚴。一切善友。悉能隨順。一切法門。悉得通達。一切衆生。悉蒙度脫。一切行願。悉獲圓成。虛空有盡。我願無窮。仰願三寶證知。令我等得如所願。滿菩提願。

普仁七日念佛記 附錄

金善

丁巳春大士聖誕。虞山之北普仁禪院。依彌陀經教。起七日念佛新規。爰集淨衆。不揀僧俗。其主則普仁大師。號截流道人者。其道場外護。則身葉師古衲師也。其同行緇侶。則越海在閒慧如湛月慈宏海目德容越祇尙法再應可尊也。其遙聞法會。溯水來虞。則婁東兩僧鳴谷定慧也。其居士則汪旅三翁鳳甡顧公臣金水若陳千頃趙存湖翁子餘翁康成沈誕先夏子彝也。念佛爲往生捷徑。觀音乃西方導師。故取諸二月十九也。其法則選僧十二。分三班。每班四人。各有所司。十二人外。不論緇素多寡。亦分三班。隨其後。一班旋繞則兩班安坐。食時赴齋堂。依次無敢棄。坐定。佛聲初歇。小沙彌擊板念佛以繼之。使一句洪名不絕于心口耳間。夜分略睡。聞鐘聲鳴。齊起。凡左行者罰。越位者罰。相語者倍罰。蓋嚴若軍令焉。是日也。汪旅三等數人先在。予後至。聞堂中佛聲琅琅。護壇師導之而入。但禮佛。不許揖衆。輒隨班行。已而退坐。或默隨佛號。微動脣齒。或閉目靜聽。而以心隨。餘人後至者亦如之。念佛之聲。時而和緩悠揚如一氣呼吸。緜緜不斷。至其聲之振疾。則又如猛將追敵。不盡滅不止。使雜妄無間可乘。衆魔無路可入。當其風雨晦冥。衆音振響。不復知山頭霧起。殿宇雲封。及天朗氣清。則松風謖謖。澗水潺潺。無不與念佛之聲相應和。至若雞聲唱徹。燈火熒熒。曦旭方升。香烟線繞。曉焉而念佛也。山光乍暝。林谷幽翳。衆籟寂然。梵音獨舉。暮焉而念佛也。或則神意怡悅。一塵不染。四字孤存。此眞能一心不亂者。其或矍然奮發。神若馳而心欲止。此期于一心不亂而未能者。更有信願已堅。勝緣欣遇。塵事敦逼。魔障多端。暫爾依班。尋復離位。咨嗟悔恨。不獲終斯七日者。我大師度生方便。慈誨眞切。衆等信西方之可至。幸日夕以追隨。知洪號之難思。因稱揚而感涕。嗟乎。石火電光。人生百年。猶七日耳。以七日而供塵累。塵累何時了。以七日而要淨土。淨土必可期。況百年之內。

其爲七日也甚多。而刹那異世。其爲百年也又絕少。人知百年之莫期。而不知此七日之難遘。又惟知百年之虛度。而不知彼七日之浪擲。悲夫。

常熟普仁寺截流大師回首後。有孫狀元扶桑先生之長君翰臣。爲冥司勾攝。死去一晝夜。醒而言曰。我拘繫閻羅殿下。黑暗中忽睹光明燭天。香華布空。閻君伏地迎西歸大師。審之即截公也。我以師光明所照及。遂得放還。同日有南關外吳氏子病死。踰夕復活。其言所見。亦如孫子言。常熟翁叔元寶林氏記。時康熙三十六年正月望日。

起一心精進念佛七期規式終

念佛警策卷上

菩薩戒弟子彭際清纂

無量壽經

佛告阿難。十方世界諸天人民。其有至心願生彼國。凡有三輩。其上輩者。捨家棄欲而作沙門。發菩提心。一向專念無量壽佛。修諸功德。願生彼國。此等衆生。臨壽終時。無量壽佛與諸大衆現其人前。即隨彼佛往生其國。便於七寶華中自然化生。住不退轉。智慧勇猛。神通自在。是故阿難。欲於今世見無量壽佛。應發無上菩提之心。修行功德。願生彼國。其中輩者。十方世界諸天人民。其有至心願生彼國。雖不能行作沙門。大修功德。當發無。上。菩。提。之。心。一。向。專。念。無量壽佛。多少修善。奉持齋戒。起立塔像。飯食沙門。懸繒然燈。散花燒香。以此回向。願生彼國。其人臨終。無量壽佛。化現其身。光明相好。具如眞佛。與諸大衆現其人前。卽隨化佛往生其國。住不退轉。功德智慧次如上輩者也。其下輩者。十方世界諸天人民。其有至心願生彼國。假使不能作諸功德。當發無。上。菩。提。之。心。一。向。專。意。乃至十念念無量壽佛。願生其國。若聞深法。歡喜信樂。不生疑惑。乃至一念念於彼佛。亦得往生。功德智慧次如中輩者也。

阿彌陀經

舍利弗。若有善男子善女人。聞說阿彌陀佛。執持名號。若一日若二日若三日若四日若五日若六日若七日。一。心。不。亂。其人臨命終時。阿彌陀佛與諸聖衆現在其前。是人終時心不顚倒。卽得往生阿彌陀佛極樂國土。舍利弗。我見是利。故說此言。若有衆生聞是說者。應。當。發。願。生彼國土。

觀無量壽佛經

佛告阿難及韋提希。諸佛如來是法界身。入一切衆生

心想中。是故汝等心想佛時。是心即是三十二相八十
隨形好。是心作佛。是心是佛。諸佛正徧知海。從心想生。
是故應當一心繫念。諦觀彼佛多陀阿伽度阿羅訶三
藐三佛陀。想彼佛者。先當想像。閉目開目。見一寶像。如
閻浮檀金色。坐彼華上。見像坐已。心眼得開。了了分明。
見極樂國七寶莊嚴。寶地寶池寶樹行列。諸天寶幔彌
覆其上。衆寶羅網。滿虛空中。見如此事。極令明了。如觀
掌中。見此事已。復當更作一大蓮華在佛左邊。復作一
大蓮華在佛右邊。想一觀世音菩薩像坐左華座。亦作
金色。如前無異。想一大勢至菩薩像坐右華座。此想成

時佛菩薩皆放光明。其光金色。照諸寶樹。一一樹下。亦有三蓮華。諸蓮華上。各有一佛二菩薩像。徧滿彼國。此想成時。行者當聞水流光明。及諸寶樹。鳧雁鴛鴦。皆說妙法。出定入定。恆聞妙法。

首楞嚴經

大勢至法王子。與其同倫五十二菩薩。卽從座起。頂禮佛足而白佛言。我憶往昔恆河沙劫。有佛出世名無量光。十二如來相繼一劫。其最後佛名超日月光。彼佛教我念佛三昧。譬如有人。一專爲憶。一人專忘。如是二人若逢不逢。或見非見。二人相憶。二憶念深。如是乃至從生至生同於形影。不相乖異。十方如來憐念衆生如母憶子。若子逃逝。雖憶何爲。子若憶母。如母憶時。母子歷生。不相違遠。若衆生心憶佛念佛。現前當來。必定見佛。去佛不遠。不假方便。自得心開。如染香人身有香氣。此則名曰香光莊嚴。我本因地。以念佛心。入無生忍。今於此界攝念佛人。歸於淨土。佛問圓通。我無選擇。都攝六根。淨念相繼。得三摩地。斯爲第一。

大方等集賢護經

賢護。彼善男子善女人。端坐繫念。專心想彼阿彌陀如來應供等正覺。如是相好。如是威儀。如是大衆。如是說法。如聞。繫念。一心相續。次第不亂。或經一日。或復一夜。如是或至七日七夜。如先所聞具足念故。是人必覩阿彌陀如來應供等正覺也。若於晝時不能見者。若於夜分或睡夢中。阿彌陀佛。必當現也。復次賢護。譬如世間若男若女。遠行他國。於睡夢中見本居家。時實不知爲晝爲夜。而亦不知爲內爲外。是人爾時所有眼根。牆壁石山終不能障。乃至幽冥黑暗。亦不爲礙也。賢護菩薩摩訶薩心無障礙。亦復如是。當正念時。於彼所有佛剎中間。凡是一切須彌山王。及鐵圍山大鐵圍山。乃至自餘諸黑山等。不能與此眼根爲障。而亦不能覆蔽此心。

然是人者。其實未得天眼。能見彼佛。亦無天耳。聞彼法音。復非神通往彼世界。又亦不於此世界沒生彼佛前。而實但在此世界中。積念。熏修。久。觀明利。故。終得覩彼阿彌陀如來應供等正覺僧衆圍繞。菩薩會中。或見自身。在彼聽法。聞已憶念。受持修行。或時復得恭敬禮拜。尊承供養。彼阿彌陀如來應供等正覺已。是人然後起此三昧。其出觀已。次第思惟。如所見聞。爲他廣說。

文殊所說般若經

文殊師利言。世尊云何名一行三昧。佛言。法界一相。繫緣法界。是名一行三昧。若善男子善女人。欲入一行三昧。當先聞般若波羅密。如說修學。然後能入一行三昧。如法界緣。不退不壞。不思議無礙無相善男子。善女人。欲入一行三昧應處空閒捨諸亂意。不取相貌。繫心一佛。專稱名字。隨佛方所。端身正向能。於。一佛。念。念。相續。即。是。念。中。能。見。過。去。未。來。現。在。諸。佛。何。以故。念一佛功德。無量無邊。亦與無量諸佛功德無二。不思議佛法等無差別。皆乘一如。成最正覺。悉具無量功德。無量辨才。

華嚴經兜率偈讚品

以。佛。爲。境。界。專。念。而。不。息。此人得見佛。其數與心等。

賢首品

若常修習波羅蜜。則能具足摩訶衍。若能具足摩訶衍。則能如法供養佛。若能如法供養佛。則能念佛心不動。若能念佛心不動。則常覩見無量佛。若常覩見無量佛。則見如來體常住。

坐禪三昧經

菩薩坐禪。不。念。一。切。惟。念。一。佛。即得三昧。

目連所問經

佛告目連。譬如萬川長流。有浮草木。前不顧後。後不顧前。都會大海。世間亦爾。雖有豪貴富樂自在。悉不得免生老病死。祇由不信佛經。後世爲人。更甚困劇。不能得生千佛國土。是故我說無量壽國。易往易取。而人不能修行往生。反事九十六種邪道。我說是人。名無眼人。名無耳人。

大智度論　龍樹菩薩

念佛三昧。能除種種煩惱及先世罪。餘諸三昧。有能除婬。不能除瞋。有能除瞋。不能除婬。有能除癡。不能除婬恚。有能除三毒。不能除先世罪。是念佛三昧。能除種種煩惱種種罪。復次念佛三昧。有大福德。能度衆生。是諸菩薩欲度衆生。諸餘三昧。無如此念佛三昧福德。能速滅諸罪。復次佛為法王。菩薩為法將。所尊所重。惟佛世尊。是故應常念佛。譬如大臣。特蒙恩寵。常念其主。菩薩亦如是。知種種功德。無量智慧。皆從佛得。知恩重故。常念佛。

常欲不離諸佛者。菩薩世世所生。常值諸佛。問曰。菩薩當化衆生。何故常欲值佛。答曰。有未入菩薩位。未得阿鞞跋致受記別故。若遠離諸佛。便壞諸善根。沒在煩惱。不能自度。安能度人。如人乘船。中流壞敗。欲度他人。反自沒水。又如少湯投大冰池。雖消少處。反更成冰。菩薩未入法位。若遠離諸佛。以少功德。無方便力。欲化衆生。雖少利益。反更墜落。聲聞辟支雖有涅槃利益。無一切智故。不能教導菩薩。諸佛一切種智故。能教導菩薩。如象沒泥。非象不能出。菩薩若入非道中。唯佛。能。救同大道故。復次菩薩作是念。我未得佛眼。如盲無異。若不爲佛所引導。則無所趣。錯入餘道。設聞佛法異處行者。未知教化時節。行法多少。復次菩薩見佛。或眼見。心淸淨。若聞所說。心則樂法。得大智慧。隨法修行。而得解脫。如是等。値佛。無量益利。豈不一心。求欲見佛。如嬰兒不應離母。行道不離糧食。大熱不離涼風冷水。大寒不離火。度深水不離船。病人不離良醫。菩薩不離諸佛。過于上事。父母親屬知識人天王等。皆不能如佛益利。佛益利諸菩薩離諸苦處。住世尊之地。問云何得不離諸佛。答。衆生有無量劫罪因緣。雖行福德智慧薄少。雖行智慧。福德薄少。菩薩求佛道。要行生忍。法忍。行生忍故。一切衆生中發慈悲心。滅無量劫罪。得無量福德。行法忍故。破諸法無明得無量智慧。二行和合。世世不離。諸佛。復次菩薩。常愛。樂。念佛。故捨。身。受身。恆得值佛。如衆生習欲心重。受婬鳥身。瞋恚偏多。生毒蟲中。菩薩不貴轉輪聖王人天福樂。但念諸佛。故隨心所重而受身形。復次菩薩常善。修。念佛。三昧。因緣。故所。生。常值。諸佛。如般舟三昧經中說。菩薩入是三昧。即見生阿彌陀國。

大乘起信論

馬鳴菩薩

復次衆生初學是法。欲求正信。其心怯弱。以住於此娑婆世界。自畏不能常値諸佛。親承供養。懼謂信心難可成就。意欲退者。當知如來有勝方便攝護信心。謂以專意念佛因緣。隨願得生他方佛土。常見於佛。永離惡道。如修多羅說。若人專念西方極樂世界阿彌陀佛。所修善根。囘向願求生彼世界。卽得往生。常見佛故。終無有退。若觀彼佛眞如法身。常勤修習。畢竟得生。住正定故。

十疑論

智者大師

問。决定求生西方。未知作何行業。以何爲種子。得生彼國。又俗人皆有妻子。不斷婬欲。得生彼否。答。欲決定生西方者。具二種行。定得生彼。一厭離行。二欣願行。厭離行者。凡夫無始以來。爲五欲纏縛。輪迴五道。備受衆苦。不起心厭離五欲。未有出期。爲此常觀此身。膿血屎尿。一切惡露。不淨臭穢。涅槃經云。如是身城。愚癡羅刹止住其中。誰有智者當樂此身。又經云。此身衆苦所集。一切皆不淨。扼縛癰瘡等。根本無義利。至諸天身皆亦如是。行者若行若坐。若睡若覺。常觀此身。唯苦無樂。深生厭離。縱妻房不能頓斷。漸漸生厭。作七種不淨觀。一此婬欲身。從貪愛煩惱生。是種子不淨。二父母交會時。赤白和合是受生不淨。三胎中在生臟下。熟臟上。是住處不淨。四在胎惟食母血。是食噉不淨。五十月滿足。頭向產門。膿血俱出。臭穢狼藉。是初生不淨。六薄皮覆上。其內膿血徧一切處。是舉體不淨。七乃至死後膖脹爛壞。骨肉縱橫。狐狼食噉。是究竟不淨。自身既爾。他身亦然。所愛境界男女身等深生厭離。常觀不淨。能如此觀者。婬欲煩惱。漸漸減少。又發願願我。永離。三界雜。食。臭穢。膿。血。不淨。躭。荒。五。欲。男。女等。身。願得淨。土。法。性。生。身。此爲厭離行。欣願行復二種。一先明求往生之意。二觀彼淨土莊嚴等事。欣心願求。明往生意者。所以求生淨土。

爲欲救拔一切衆生苦。卽自思忖。我今無力。若在惡世煩惱境強。自爲業縛。淪溺三塗。動經劫數。如此輪轉。無始來未曾休息。何時得救苦衆生。爲此求生淨土。親近諸佛。若證無生忍。方能於惡世救苦衆生。故往生論發菩提心者。正是願作佛心。願佛心。則是度衆生心。度生心。則是攝衆生生佛國心。又願生淨土。須具二行。一須遠離三種障菩提門法。二須得三種順菩提門法。何爲遠離三種障菩提門法。一依智慧門。不求自樂。遠離我心貪著自身故。二依慈悲門。拔一切衆生苦。遠離無安衆生心故。三依方便門。憐愍一切衆生。欲與其樂。遠離恭敬供養自身心故。若能遠三種菩提障。則得三種順菩提法。一無染淸淨心。不爲自身求諸樂故。菩提是無染淸淨處。若爲自身求樂。卽染身心。障菩提門故。無染淸淨心是順菩提門。二安淸淨心。爲拔衆生苦故。菩提是安隱一切衆生淸淨處。若不作心拔一切衆生令離生死苦。卽違菩提門故。安淸淨心是順菩提門。三樂淸淨心。欲令一切衆生得大菩提涅槃故。菩提涅槃是畢竟常樂處。若不作心令一切衆生得畢竟常樂。卽遮菩提門故。樂淸淨心是順菩提門。此菩提因何而得。要因。生淨。土。常。不。離。佛。得。無。生忍。已。於。生死。國。中。救。苦。衆。生。

悲智內融。定而常用。自在無礙。卽菩提心。此是願生之意。二明欣心願求者。希心起想。緣彌陀佛。若法身。若報身等。金色光明八萬四千相。一一相八萬四千好。一一好放八萬四千光明。常照法界。攝取念佛衆生。又觀彼土七寶莊嚴妙樂等。備如無量壽經觀經十六觀等。常行念佛三昧。及施戒修等一切善行。悉以迴施一切衆生同生彼國。決定得生。此欣願門也。

淨業專雜二脩說

善導和尙

問曰。何故不令作觀。直遣專稱名號者。有何意耶。答。衆生障重。境細心粗。識颺神飛。觀難成就。是以大聖悲憐。

直勸專稱名字。正由稱名易故。相續。卽生。若能念念相續。畢命爲期者。十卽十生。百卽百生。何以故。無外雜緣。得正念故。與佛本願相應故。不違教故。順佛語故。若捨專念修雜業者。百中希得一二。千中希得三四。何以故。乃由雜緣亂動。失正念故。與佛本願不相應故。與教相違故。不順佛語故。繫念不相續故。心不相續念報佛恩故。雖作業行。常與名利相應故。樂近雜緣。自障障他往生正行故。比見諸方道俗。解行不同。專雜有異。但使專意作者。十卽十生。修雜不至心者。千中無一。願一切人等。善自思惟。行住坐臥。必須厲心克己。晝夜莫廢。畢命爲期。前念命終。後念卽生。長時永劫。受無爲法樂。乃至成佛。豈不快哉。

臨終正念訣

凡人臨命終時。欲得往生淨土者。須先準備。不得怕死貪生。常自思念我現在之身。多有衆苦。不淨惡業。種種交纏。若得捨此穢身。卽得往生淨土。受無量快樂。見佛聞法。離苦解脫。乃是稱意之事。如脫臭敝之衣。得著珍御之服。放下身心。莫生貪著。纔有病患。莫論輕重。便念無常。一心待死。須囑家人看病人往來人。凡來我前。但爲我念佛。不得說眼前閒雜之事。家緣長短之事。亦不須輭語安慰。祝願安樂。此皆是虛華無益之語。及至病重。家人親屬不得來前垂淚哭泣。惑亂心神。失其正念。但教記取阿彌陀佛。守令氣絕。更或有明解淨土之人。頻來策勵。如此者千萬往生。必無疑慮也。

念佛寶王三昧論

飛錫禪師

問。人生石火電光。一經蹉跎。悔無所及。修道之人。尙不親心。況親於身。況身外乎。常恐出息不還。屬于後世。狂風飄蓬。茫茫何之。願示一生之計。對。悲華經阿彌陀佛昔爲轉輪王。名無諍念。千子具足。於寶藏佛所發菩提心。取西方極樂淨土。諸經中知名佛菩薩聲聞等。皆昔之千子也。太子不瞬。觀音也。次摩尼勢。至也。次王衆文殊也。次能伽奴。卽金剛智慧光明菩薩。次無畏。卽蓮華尊如來。次菴婆羅。卽虛空光明菩薩。次善臂。卽師子香菩薩。次泯圖。卽普賢也。次密蘇。阿閦佛也。密蘇發心以來。行時。步步。心心。數。法。常。念諸佛。今登正覺。生妙樂刹焉。吾謂經行廣陌。徒步幽林。固當如密蘇之見。卽鳴珂入仗。動珮朝天。肅肅羽儀。駸駸車馬。又安得不用心於步步間哉。夫含齒戴髮。死生交際。未有無出入息者。世人多以寶玉木槵等爲數珠。吾以。出。入息。爲。念珠。焉。稱佛名號。隨之於息。有大恃怙。安懽一息不還。卽屬後世者哉。余行住坐臥，常用此珠。縱昏昧，含佛而寢。覺即續之。必於夢中得見彼佛。如鑽燧煙飛，火之前相；夢之不已，三昧成焉。面覩玉毫，親蒙授記。萬無一失也。子宜勉之。

問：方等經修無上深妙禪定，令繼想白毫，兼稱佛號，以祈勝定。然默念泉澄，三昧自至，何必聲喧里巷，響震山林，然後爲道哉。對：聲亦無爽。夫辟散之要，要存於聲。聲之不厲，心竊無定。有五義焉：拔茅連茹，乘策其後，畢命一對，長謝百憂，一也。聲光所及，萬禍冰消，功德叢林，千山松茂，二也。金容熒煌，以散彩寶華，淅瀝而雨空，若指諸掌。皆聲致焉。三也。如牽木石。重而不前。洪音發號。飄然輕舉。四也。與魔軍戰。旗鼓相望。用聲律於戎軒。以定破於強敵。五也。喧靜兩全。止觀雙運。叶夫佛意。不亦可乎。念佛三昧序云。功高易進。念佛爲先。夫元音之叩。塵累每消。滯情融朗。非天下之至妙。其孰能與於此。華嚴經。寧受無量苦。得聞佛音聲。不受一切樂。而不聞佛名。然則佛聲遠震。開善萌芽。猶春雷之動百草。安得輕誣哉。

萬善同歸集　永明大師

問。觀經明十六觀門。皆是攝心修定。觀佛相好。諦了圓明。方階淨域。如何散心而能化往。答。九品經文。自有昇降。上下該攝。不出二心。一定心。如修定習觀。上品往生。二專心。但念名號。衆善資熏。迴向發願。得成末品。仍須。一生。歸命。盡報。精修。坐臥之間。常面西向。當行道禮敬之際。念佛發願之時。懇苦翹誠。無諸異念。如就刑戮。若在狴牢。怨賊所追。水火所逼。一心求救。願脫苦輪。速證無生。廣度含識。紹隆三寶。誓報四恩。如斯志誠。必不虛棄。如或言行不稱。信力輕微。無。念念相續之心。有。數數。間。斷之意。恃此懈怠。臨終望生。但爲業障所遮。恐難值其善友。風火逼迫。正念不成。何以故。如今是因。臨終是果。應須。因實。果。則。不。虛。聲和則響順。形直則影端故也。如要臨終十念成就。但預辦津梁。合集功德。迴向此時。念念不虧。即無慮矣。夫善惡二輪。苦樂二報。皆三業所造。四緣所生。六因所成。五果所攝。若一念心嗔恚邪婬。即地獄業。慳貪不施。即餓鬼業。愚癡闇蔽。即畜生業。我慢貢高。即修羅業。堅持五戒。即人業。精修十善。即天業。證悟人空。即聲聞業。知緣性離。即緣覺業。六度齊修。即菩薩業。眞慈平等。即佛業。若心淨即香臺寶樹淨剎化生。心垢則邱陵阬坎。穢土稟質。皆是等倫之果。能感增上之緣。是以離自心源。更無別體。維摩經云。欲得淨土。

但淨其心。隨其心淨。即佛土淨。又經云。心垢故衆生垢。心淨故衆生淨。華嚴經云。譬如心王寶。隨心見衆色。衆生心淨故。得見清淨剎。大集經云。欲淨汝界。但淨汝心。故知一切歸心。萬法由我。欲得淨果。但行淨因。如水性趣下。火性騰上。勢數如是。何足疑焉。

淨土十疑論後序　陳瓘

人心無常。法亦無定。心法萬差。其本在此。信此則偏信。華嚴所以說十信。疑此則偏疑。智者所以說十疑。出疑入信。一入。永入。不離於此。得究竟。處淨土者。究竟處也。此處有說法之主。名無量壽。此佛說法。未嘗間斷。疑障。

其耳。則聾。而不聞。疑障其心。則昧。而不覺。不聞不覺。安住惡習。讚歎不念。隨喜麤心。妄指蓮胞以爲虛誕。終不自念此分叚身。從何而得。自何而來。胎獄穢濁。眞實安在。信憑業識。自隔眞際。於一幻境。非彼執此。生生不盡。永絕聖路。以如是故。釋迦如來起大慈憫。於生死中爲大船師。載以法船。令趨彼岸。晝夜度生。無有休息。然而。彌。陀。之岸。本。無。彼。此。釋。迦。之。船。實。非。往。來。譬如一燈分照八鏡。鏡有東西。光影無二。彌陀說法。徧光影中。而釋迦方便獨指西鏡。故已到彼岸者。乃可以忘彼此。未入法界者。何自而泯東西。於此法中若未究竟。勿滯方隅。

勿分彼此。但當正念諦信而已。此二聖之意。而智者之所以信也。信者萬善之母。疑者衆惡之根。能順其母。能剿其根。則向之所謂障緣衆生。聾可復聞。昧可復覺。未出生死。得出生死。未生淨土。得生淨土。順釋迦之誨。往面彌陀。隨彌陀之願。來助釋迦。在此而徧歷十方。即西而普入諸鏡。自二聖建立以來。如是之人。如河沙數。云何不信。云何而疑。能自信已。又作方便。令諸未信無有不信者。此則智者之所以爲悲也。明智大師中立學智者之道。不順其文而順其悲。所以又印此論。冠以次公之序。而請予申廣其說。以助其傳。

念佛方便文

江公望

世出世間之法。欲得成辦省力。莫若繫心一緣。祇如稱念阿彌陀佛名號。念若出聲。不唯日久耗乏臟氣。齒舌擊磕。心念隨動。耳根承攬。分別識生。聞性內搖。隨出不返。是三成勞。積久或怠。若祇心念。不作音聲。外機不抽。內對不出。沉濁昏住。易成廢忘。有巧方便。無用動口。不出音聲。微以舌根。敲擊前齒。心念隨應。隨心應量。循業發現。舌意根下。念念之中。便有阿彌陀佛四字音聲歷歷可陳。聲不越竅。聞性內融。心應舌機。機抽念根。心竅在舌。擊擊竅聞。機機念復。寄竅在耳。從聞入流。聞反精。

元、寂。聞。空。性。是三融會。念念圓通。久久遂成唯心識觀。若是利根之人。念念。不。生。心。心。無。所。六根杳寂。諸識消落。法法全眞。門門絕待。嘗爾遂成眞如實觀。初機後學。唯除賓客寒溫時。大小便利時。中暫停念。如或未免葷茹。睡臥未至昏瞑。乃至營辦家事。種種作務。自不用捨。亦自不相妨礙。心口念念聲聲稱誦聖號。更有甚邪思惡慮敢萌於心。自然純一無雜。若能都攝六根淨念相繼。不過旬月。便成三昧。所謂是心作佛。是心是佛。是心見佛。上根大器。一念直超。平展之流。善觀方便。

勸人發願偈

慈照大師

萬法從心生。萬法從心滅。我佛大沙門。常作如是說。持戒無信願。不得生淨土。唯得人天福。福盡受輪迴。輾轉難脫離。看經無慧眼。不識佛深意。後世得聰明。亂心難出離。不如念佛好。現世無名利。行坐不多羅。則是阿彌陀。發願持戒力。回向生樂國。如是各行持。千中不失一。釋迦金口說。彌陀親攝受。諸佛皆護念。諸天善護持。見此念佛人。與佛不相遠。應當坐道場。轉於大法輪。普度無邊衆。譬如貧家女。腹孕轉輪王。諸天常愛護。貧女自不知。腹中有貴子。今此念佛人。其意亦如是。憶佛常念佛。不久當成佛。諸佛善護持。其人自不知。我當生淨土。

却要來後世。再得生人中。譬如貧人家。地內有伏藏。藏神常守護。不令其有失。貧人自不知。家內有寶藏。逐日趁客作。求衣食自濟。今此念佛人。其意亦如是。不。知。念。佛。人。具。足。如。來。藏。自說我無分。反要生人中。譬如病人家。自有眞妙藥。不知妙藥性。不能自治病。每日牀枕邊。痛苦受無量。今此念佛人。其意亦如是。不。知。念。佛。心。能。滅。貪。嗔。癡。能。爲。大。醫。王。能。爲。大。寶。藏。利。濟。一。切。人。能。爲。大。法。王。覆。護。一。切。衆。將爲是凡夫。不得生淨土。且自持齋戒。後世願爲人。輾轉更修行。方可生彼國。多見修行人。常作如是說。不。稱。彌。陀。願。不。合。淨。土。經。邪見障覆心。

畢竟難出離。非是他人障。皆是自障心。今世不得生。一蹉成百蹉。勸汝修行人。信我如來說。佛無不實語。豈是虛誑言。但當自精勤。一心求淨土。因風吹於火。用力不消多。幸有念佛心。同願超三界。逢寶不取寶。遇食苦長飢。咄哉。大丈夫。不見。眞實意。我今略勸讚。輾轉傳與人。代我廣流通。作於如來使。眞是諸佛子。眞名報佛恩。普願如說行。同生極樂國。

蓮宗寶鑑　　優曇法師

慈照宗主云。離相。念佛。三昧。者。上根智人悟此深理。常運虛空平等心。無我人衆生壽者相。經云。離一切諸相。

卽名諸佛。論曰。我以計內。人以計外。衆生以續前爲能。壽者以續後爲義。旣無內外前後執心。則一切諸相悉皆空寂。故經云。知無我人誰受輪轉。亦無身心受彼生死。是名離相念佛三昧。此則見一切衆生本性皆同彌陀。旣不着有相無相二邊。亦無有斷見常見之說。是念念彌陀出世。處處極樂現前。如此念者。無。念之。念。念。則眞。如。無。生。之。生。生。則。實。相。故知無念卽離念。實相乃無相。無相則無住。無住則入佛境界。此乃無上眞正大菩提道。若到此地。無修無證。無生死可脫。無涅槃可求。性相俱空。聖凡齊等。無佛道可成。無衆生可度。無己靈可得。一念無爲。十方坐斷。無一法本有。無一法始成。自他互收。事理無礙。塵塵具足。刹刹全彰。法本如然。思議莫及。可謂十方薄伽梵。一路涅槃門。

遠祖師禪經序云。禪非智無以窮其寂。智非禪無以深其照。禪智者照寂之謂。其相濟也。照不離寂。寂不離照。感則俱遊。應則同趣。慈照云。寂而常照。照而常寂。常寂、常照。名常寂光。念佛之人欲參禪見性。但依此法。要於淨室正身端坐。掃除緣累。截斷情塵。瞠開眼睛。外不着境。內不住定。回光一照。內外俱寂。然後密密舉念南無阿彌陀佛三五聲。回光自看云。見性則成佛。畢竟那箇是我本性阿彌陀。卻又照覷看。只今舉底這一念從何處起。覷破這一念。復又覷破這覷的是誰。參良久。又舉念南無阿彌陀佛。又如是覷。如是參。急切做工夫。勿令間斷。惺惺不昧。如雞抱卵。不拘四威儀中。亦如是舉。如是看。如是參。忽於行住坐臥處聞聲見色時豁然明悟。親見本性彌陀。內外身心。一時透脫。盡乾坤大地。是箇西方。萬象森羅。無非自己。靜無遺照。動不離寂。然後與慈運悲。接引未悟。悲智圓融。入無功用行。得生上品。名實報莊嚴土。得一切種智。

大般若經云。曼殊室利白佛言。菩薩修行何法。疾證無上菩提。佛言菩薩能正修行一相莊嚴三昧。疾證菩提。修此行者。應離喧雜。不思衆相。專心繫念於一如來。審取名字。善想容儀。即爲普觀三世一切諸佛。即得諸佛一切智慧。天台十疑論云。一切諸佛。悉皆平等。但衆生根鈍。濁亂者多。若不專心繫念一佛。則心散漫。三昧難成。故專令念阿彌陀佛。即是一相三昧。寶王論云。修持一相念佛三昧者。當於行住坐臥繫念不忘。縱令昏寐。亦繫念而寢。覺即續之。不以餘業間斷。不以貪嗔等間隔。隨犯隨懺。悔不隔念。不異念。不隔日。不隔時。念念常不離佛。念念清淨圓明。即是得一相三昧也。

凡修淨土之人。灼然是要敵他生死。不是說了便休。當念無常迅速。時不待人。須。是。把。做。一。件。事。始。得。若也半進半退。似信似疑。到了濟得甚麼邊事。如何出離輪迴。若是信得及。便從今日去。發大勇猛。發大精進。莫。問。會。與。不。會。見。性。不。見。性。但只執持一句南無阿彌陀佛。如。靠着。一座。須。彌。山相。似。搖撼。不動。專其心。壹其意。或參念觀念憶念十念。或默念專念繫念禮念。念茲在茲。常憶常念。朝也念。暮也念。行也念。坐也念。心念不空過。念佛不離心。日日時時不要放捨。綿綿密密如雞抱卵。常教暖氣相接。即是淨念相繼。更加智照。則知淨土即是自心。此乃上智人修進工夫。如此把得定。做得主。靠得穩。縱遇苦樂逆順境界現前。只是念阿彌陀佛。無一念變異。心無一念退惰。心無一念雜想。心直至盡生。永無別念。決定要生西方極樂世界。果能如是用功。則歷劫無明。生死業障。自然消殞。塵勞習漏。自然淨盡無餘。親見彌陀。不離本念。功成行滿。願力相資。臨命終時。定生上品。

若念佛之人。塵垢未淨。惡念起時。須自檢點。或有慳貪心。嗔恨心。癡愛心。嫉妒心。欺誑心。吾我心。貢高心。諂曲心。邪見心。輕慢心。能所心。及諸逆順境界。隨染所生一切不善之心。設或起時。急須高聲念佛。斂念歸正。勿令惡心相續。直下打併淨盡。永不復生。所有深信心。至誠心。發願回向心。慈悲心。謙下心。平等心。方便心。忍辱心。持戒心。喜捨心。禪定心。精進心。菩提心。及一切善心。常當守護。更要離非梵行。斷惡律儀。雞狗猪羊。愼毋畜養。畋獵漁捕。皆不應爲。當知極樂國內諸上善人。良由捨棄惡緣。循行善業。獲生淨土。不退菩提。念佛之人。當隨佛學。應以去惡取善爲鑑戒焉。

凡修念佛之人。欲生淨土。每念世間一切無常。成必有壞。生必有死。若不親聞佛法。則捨身受身。輪轉三界。四生六道。無解脫期。我今有緣。得聞正法。得修淨業。唯佛爲念。捨此報身。當生淨土。入彼蓮胎。受諸快樂。永脫生死。不退菩提。此乃大丈夫平生之能事也。纔有疾病。正要。向前。坦蕩。身心。莫生疑慮。直須西向正坐。專想阿彌陀佛。與觀世音大勢至菩薩。及無數化佛。現在其前。一心稱念南無阿彌陀佛。聲聲不絕。於諸世間。一切事務。不得思念。不得貪戀。若或心念起來。但要急稱佛號。於念念中。除滅罪障。若病人昏困。不能自念。則看病人當方便警策。勸而諭之。如此用心。助令命盡。只此一念。決定往生淨土。命若未盡。自得安寧。愼勿妄起留戀世間之心。當存自存。當死須死。但辦往生。何須疑慮。若解此理。如脫敝服。以着上衣。一舍凡身。便登佛地。奇哉偉哉。至矣盡矣。

眞信修行之士。端的是要生西方極樂世界。專意一念。持一句阿彌陀佛。只此一念。是我本師。只此一念。卽是化佛。只此一念。是破地獄之猛將。只此一念。是斬羣邪之寶劍。只此一念。是開黑暗之明燈。只此一念。是度苦海之大船。只此一念。是脫生死之良方。只此一念。是出三界之徑路。只此一念。是本性彌陀。只此一念。達惟心淨土。但只要記得這一句阿彌陀佛在念。莫教失落。念念常現前。念念不離心。無事也如是念。有事也如是念。安樂也如是念。病苦也如是念。生也如是念。死也如是念。如是一念分明不昧。又何必問人覓歸程乎。

淨土或問　　天如禪師

問曰。一生造惡。臨終念佛。帶業得生。又無退轉。此彌陀願力誠乎不可思議矣。然則我於生前且做世間事業直待臨終然後念佛。可乎。答曰。苦哉苦哉。何等愚謬之言也。砒礵酖酒。毒中之毒。今汝此言。毒於砒礵酖酒者也。非特誤賺自己。又且誤賺天下若僧若俗善男信女。皆此言也。向所謂逆惡凡夫臨終念佛者。乃是夙有善根福德因緣。方遇知識。方得念佛。此等僥倖。萬萬人中無一箇半箇。汝將謂人人臨終有此僥倖哉。豈不見羣疑論云。世間有十種人臨終不得念佛。一者善友未必相遇。故無勸念之理。二者業苦纏身。不遑念佛。三者或偏風失語。不能稱佛。四者狂亂失心。注想難成。五者或遭水火。不暇至誠。六者遭遇豺狼。無復善友。七者臨終惡友。壞彼信心。八者飽食過度。昏迷致死。九者軍陣鬬戰。奄忽而亡。十者忽墜高巖。傷壞性命。如此等十種之事。皆是尋常耳聞眼見。不論僧俗男女。人皆有之。或宿業所招。現業所感。忽爾現前。不容迴避。你又不是神通聖人。有宿命通。能知臨終有業無業。又不是有他心天眼。能知臨終好死惡死。如上十種惡緣。忽然遭著一種。便休了也。便做手脚不得了也。便有知識活佛圍繞。救你不得了也。便須隨業受報。向三塗八難中受苦受罪。到那時便聞佛名不得了也。直饒你無此惡緣。只是好病而死。亦未免風刀解體。四大分離。如生龜脫筒。螃蠏落湯。痛苦逼迫。怕怖慞惶。念佛不得了也。更饒你無病而死。又或世緣未了。世念未休。貪生怖死。擾亂胸懷。若是俗人。又兼家私未明。後事未辦。妻啼子哭。百種憂煎。念佛不得了也。更饒你未死以前。只有些少病痛在身。

忍痛忍苦。叫喚呻吟問藥求醫。祈禱懺悔。雜念紛飛。念佛不得了也。更饒你未病以前。只是年紀老大。衰相現前。困頓龍鍾。愁歎憂惱。只向箇衰老身上左安右排。念佛不得了也。更饒你未老以前。正是少壯之日。正好念佛之時。稍或狂心未歇。俗務相關。東攀西緣。胡思亂想。業識茫茫。念佛不得了也。更饒你清閒自在。有志修行。稍於世相之中。照不破。放不下。把不定。坐不斷。忽遭些子境界現前。一箇主人隨他顛倒。念佛不得了也。你看他老病之時。少壯清閒之日。稍有一事挂心。早是念佛不得。況待臨終時哉。何況你更道且做世間事業。你眞

癡人。說此癡話。敢保你錯用身心了也。且世間事業。如
夢如幻。如影如響。那一件有實效。那一件替得生死。縱
饒廣造伽藍。多增常住。攀求名位。交結官豪。你將謂多
做好事。殊不知犯了如來不體道本。廣造伽藍等戒。豈
不見道有爲之功。多諸過咎。天堂未就。地獄先成。生死
未明。皆成苦本。眼光落地。受苦之時。方知平生所作盡
是枷上添枷。鎖上添鎖。鑊湯下增柴炭。劍樹上助刀鎗。
袈裟下失卻人身。萬劫難復。鐵漢聞之。也須淚落。祖師
如此苦口勸人。曾許你且做事業。待臨終方念佛乎。又
不見死心禪師道。世間之人財寶如山。妻妾滿前。日夜

歡樂。他豈不要長生在世。爭奈前程有限。暗裏相催。符到奉行。不容住滯。閻羅老子不順人情。無常鬼王有何面目。且據諸人眼裏親見。耳裏親聞。前街後巷親情眷屬。朋友兄弟。強壯後生。死卻多少。世人多云待老來方念佛。好教你知黃泉路上無老少。能有幾人待得老到。少年夭死者多矣。古人云。莫待老來方念佛。孤墳多是少年人。死心如此苦口勸人。曾許你且做事業。待臨終方念佛乎。當思人生在世。能有幾時。石火電光。眨眼便過。趁此未老未病之前。抖擻身心。撥棄世事。得一日光景。念一日佛名。得一時工夫。修一時淨業。由他臨命終時好。死惡死。我之盤纏。預辦了也。我之前程。穩穩當當了也。若不如此。後悔難追。思之思之。

問上文所云抖擻身心。撥棄世事。今世網中人。間有境緣順便。身意安閒者。則可依此而行。其有世事不容撥棄者。又當何以教之。答曰。世網中人。若是痛念無常。用心眞切者。不問苦樂逆順靜鬧閒忙。一任公私幹辦。迎賓待客。萬緣交擾。八面應酬。與他念佛。兩不相妨。不見古人道。朝也阿彌陀。暮也阿彌陀。假饒忙似箭。不離阿彌陀。又云竹密不妨流水過。山高豈礙白雲飛。其有世緣稍重。力量稍輕者。亦須忙裏偷閒。鬧中取靜。每日或念三萬聲。一萬聲。三千聲。一千聲。定爲日課。不容一日放過。又有冗忙之極。頃刻無閒者。每日晨朝必須十念。積久功成。亦不虛棄。念佛之外。或念經禮佛。或懺悔發願。種種結緣。種種作福。隨力布施。修諸善功以助之。凡一毫之善。皆須囘向西方。如此用功。非唯決定往生。亦且增高品位矣。

問曰。泛言念佛。未有其方。且十念囘向之法。亦所未喻。幸詳以示之。答曰。念佛者。或專緣三十二相。繫心得定。開目閉目。常得見佛。或但專稱名號。執持不散。亦於現身而得見佛。此間現見多是稱佛名號爲上。稱佛之法。

必須制心不令散亂。念念相續。繫緣佛號。口中聲聲喚阿彌陀佛。以心緣歷。字字分明。稱佛名時。無管多少。並須一心一意。心心相續。如此方得一念滅八十億劫生死之罪。若不然者。滅罪良難。十念者。每日清晨面西。正立合掌。連聲稱阿彌陀佛。盡一氣爲一念。如是十氣名爲十念。但隨氣長短。不限佛數多少。唯長唯久。氣極爲度。其佛聲不高不低。不緩不急。調停得中。如是十氣連屬不斷。意在令心不散。專精爲功。故名此爲十念者。顯是藉氣束心也。盡此一生。不得一日暫廢。回向發願者。念佛既畢。即云。弟子某。一心皈命極樂世界阿彌陀佛。

願以淨光照我。慈誓攝我。我今正念。稱如來名。為菩提道。求生淨土。佛昔本誓。若有衆生。欲生我國。至心信樂。乃至十念。若不生者。不取正覺。願此念佛因緣。得入如來大誓海中。承佛慈力。衆罪消滅。淨因增長。若臨欲命終。自知時至。身無病苦。心不貪戀。亦不顛倒。如入禪定。佛及聖衆手持金臺。來迎接我。如一念頃。生極樂國。華開見佛。即聞佛乘。頓開佛慧。廣度衆生。滿菩提願。廣度衆生。滿菩提願。如上念佛之法。至於回向。乃先德垂訓切要之方。盛傳於世久矣。當遵而行之。

問曰。圓觀之修。惟心之念。似乎上器之行門。華嚴十願。

寶積十心。亦乃大根之功用。倘根器之不對。則功行之難成。今吾自揣其根。觀吾所好。惟在專持名號。暇則或加禮拜懺悔而已。師以爲何如。答曰。善哉善哉。汝知量矣。觀汝之言。正合善導專修無間之說矣。專修者。政由稱名易故。相續卽生。無間修者。身須專禮阿彌陀佛。不雜餘禮。口須專稱阿彌陀佛。不稱餘號。不誦餘經。意須專想阿彌陀佛。不雜餘想。又若貪瞋癡來間者。隨犯隨懺。不令隔日隔夜。常使清淨。亦名無間修也。

問曰。念念相續之修。豈非予所願也。奈何定力未成。念頭無主。眨得眼來。千里萬里去了。又或惹著一毫世事。

便是五日十日半月一月擺脫不去。又當何策以治之。
答曰。嗚呼。此天下學者之通病也。汝當間斷之時。若不
痛。加鞭。策。則專修無間之念。永無成就之期。余聞古人
有三種痛鞭之策今復爲爲汝獻之。一曰報恩。二曰決
志。三曰求驗。第一報恩者既修淨土當念報恩。佛恩國
恩。固未暇論。只如父母養育之恩。豈非重恩。師長作成
之德。豈非重德。你最初出家。便說要報重恩。後來行脚。
又說要報重德。離鄉背井。二三十年。父母師長。艱難困
苦。你總不顧。父母老病。你又不看。及聞其死。你也不歸。
如今或在三塗受罪受苦。望你救他。望你度他。你卻念

念間斷。淨土不成。淨土不成。自救不了。自救不了。如何救他。既不能相救。你是忘恩負義。大不孝人。經云不孝之罪。當墮地獄。然則一念間斷之心。便是地獄業也。又且不織而衣。不耕而食。僧房臥具。受用現成。你當勤修淨業。圖報信施之恩。祖師道。此是施主妻子分上減刻將來。道眼未明。滴水寸絲。也須牽犁曳耙償他始得。你卻念念間斷。淨土不成。淨土不成。酬償有分。然則一念間斷之心。便是畜生業也。第二決志者。若學專修。志須決定。你一生參禪。禪既不悟。及乎看教。教又不明。弄到如今。念頭未死。又要說幾句禪。又要說幾句教。又要寫幾箇字。又要做幾首詩。情挂兩頭。念分四路。祖師道。毫釐繫念。三塗業因。瞥爾情生。萬劫羈鎖。你卻志無決定。情念多端。因此多端間斷正念。然則一念間斷之心。便是三塗羈鎖業也。又且守護戒根。志不決定。或因身口。念念馳求。教中道。寧以洋銅灌口。不可以破戒之口受人飲食。寧以熱鐵纏身。不可以破戒之身受人衣服。況因諸戒不嚴。邪心妄動。因此妄動間斷眞修。然則一念間斷之心。何止熱鐵洋銅業也。又且斷除憎愛。志不決定。每於虛名浮利。自照不破。名利屬我。便生貪愛。名利屬他。便生憎妬。古人云。貪名貪利。同趣鬼類。逐愛逐憎。

同入火阬你卻因此愛憎間斷淨土然則一念間斷之心便是餓鬼火阬業也第三取驗者既學專修當求靈驗你如今鬢白面皺死相現前知道臨終更有幾日須在目前便要見佛只如廬山遠法師一生之中三度見佛又如懷感法師稱念佛名便得見佛又如少康法師唱佛一聲衆便見一佛從口飛出唱佛十聲則有十佛從口飛出此等靈驗萬萬千千你若心無間斷見佛不難間斷心生決不見佛既不見佛與佛無緣既無佛緣難生淨土淨土不生必墮惡道然則一念間斷之心便是三塗惡道業也如上三策當自痛鞭使其念不離佛

佛不離念。感應道交。現前見佛。既見樂邦之佛。即見十方諸佛。既見十方諸佛。即見自性天眞之佛。既見自性天眞之佛。即得大用現前。然後推其悲願。廣化一切衆生。此名淨土禪。亦名禪淨土也。

答弟行遠

吾忝學禪。不能使父母發明生死大事。成就道業。此爲可愧。然竊觀二老。恐非禪學機器。猶發藥不對病。則反病於藥矣。故甲子秋之歸。嘗以繫念法門。爲當機對證之良方也。爾後日邁月化。其操舍勤怠。及臨終得力與否。皆非吾所能知。今幸老母尙壽。而歲將七十。餘景幾何。此又不容不再告者。繫念之法。不拘行住坐臥。不必出聲損氣。唯務至誠。默想默念。念念相繼。心無間斷。敢許現生肉眼。便能見佛。或見光明。或承摩頂等事。又豈定在臨終時哉。此是一種徑捷法門。至簡至要。極靈極驗。倘使得生淨土。見佛聞法。不患大事之不明。生死之不了。道業之不成矣。其或不然。則虛生浪死。苦趣其能免耶。煩吾弟以前說詳告慈母。切不可以雜務關其懷抱。須旦夕曲施方便。令得專心致慮。倚靠著一著子。如照夜之炬。如過海之舟。不可須臾離也。誠能如此預備行纏。功無虛棄。則汝事親之孝。莫大於是矣。

吾母于禪門直指之道。既不能湊泊。舊嘗勸其精進念佛。當照破世間。總是一場夢事。苦也是夢。樂也是夢。富也是夢。貧也是夢。莫被夢境所惑。起心造業。誤賺平生。夢向三途苦趣中去。者場生受。不可說也。當此之時。親父親母。救你不得。的子的孫。替你不得。舉眼看來。有誰可靠。唯有樂邦之佛。能救度汝。能攝受汝。能保護汝。能成就汝。切須趁此眼明脚健。全身倚靠。求哀乞憐。夙夕。懇禱。不可。斯須。放捨。你若靠他不穩。未免等閒蹉過。後悔難追。當念殘生如草上露。水上漚。風中燭。石中火。變滅無常。匪朝卽夕。不可不上緊也。此事非獨吾母可行。

凡諸見者聞者。皆當遞相勸諫。同使發心。亦是一種大方便事。倘吾弟深鑑吾心。輔行吾言。信有樂邦之往。則母子弟兄之會可期矣。鄉井之歸。奚足念哉。

示月庭居士　　楚山禪師

夫格外眞機。難容湊泊。初參之士。必假筌蹄。所謂梵語阿彌陀佛。此云無量壽。佛者覺也。覺卽當人之自心。心卽本來之佛性。是故念佛者。乃念自心之佛。不假外面馳求。馬大師所云卽心卽佛是也。或謂卽心是佛。何勞更念佛乎。只爲當人不了自心是佛。是以執相循名。妄生倒惑。橫見生死。枉入迷流。故勞先聖曲垂方便教令注想觀心。要信。自。心。是。佛。則。知。念。佛。念。心。念。心。念。佛。念。念。不。忘。心。心。無。間。忽。爾。念。到。心。思。路。絕。處。當。下。根。塵。頓。脫。當。體。空。寂。始。知。無。念。無。心。無。心。無。念。心。念。既。無。佛。亦。不。可。得。矣。故云從有念而至無念。因無念而證無心。無心之心。始是眞心。無念之念。方名正念。無佛之佛。可謂無量壽佛者矣。到此覓一毫自他之相了不可得。何聖凡迷悟之有哉。只這不可得處。卽識心達本之要門。乃超生脫死之捷徑。居士果能於此洞徹自心源底。始信火宅凡居。卽爲西方安養。舉足動足。無非古佛道場。溪光山色。頭頭彰紫磨金容。谷韻風聲。歷歷展紅蓮舌相。

塵塵契妙。法法該宗。不卽不離。心心解脫。於斯領旨。管取一笑而無疑矣。居士其尙勉乎哉。

念佛警策

古音禪師

一句阿彌陀佛。宗門頭則公案。譬如騎馬拄杖。把穩生涯一段。不拘四衆人等。持之悉有應驗。行住坐臥之中。一句彌陀莫斷。須信因深果深。直教不念自念。若能念念不空。管取念成一片。當念認得念人。彌陀與我同現。便入念佛三昧。親證極樂內院。蓮胎標的姓名。極功之者自見。親見彌陀授記。便同菩薩作伴。自此出離娑婆。一路了無憂患。直至無上菩提。永劫隨心散誕。依得此道歸來。決定成佛不欠。

答湖州董宗伯　　蓮池大師

心本不生。緣合而生。心本不死。緣散而死。似有生死。原無去來。於斯會得。生順死安。常寂常照。如或未能。便當全身放下。密密持念。一句阿彌陀佛。求生淨土。假使諸緣未盡。壽命未終。倍應念佛。有大利益。古云。念佛法門。此金仙氏之長生也。

答張百戶廣湉

妄念是病。念佛是藥。久病非片劑所能療。積妄非暫念所能除。其理一也。莫管他。妄念紛飛。只貴在念佛精切。

字字分明。句句接續。極力執持。方有趨向分。所謂眞積力久。而一旦豁然。喻如磨杵作針。鍊鐵成鋼者。定不誣也。入道多門。惟此一門最爲捷徑。不可忽。不可忽。

與蘇州劉居士

曩啟專以念佛求生淨土奉勸。然此道至元至妙。亦復至簡至易。以簡易故。高明者忽焉。夫生死不離一念。乃至世。出世。世間。萬法。皆不離一念。今卽以此念念佛。何等切近。精實。若覷破此念起處。卽是自性彌陀。卽是祖師西來意。縱令不悟。乘此念力往生極樂。且橫截生死。不受輪迴。終當大悟耳。願翁放下萬緣。十二時中。念念提。

斯。是所至望。

與江陰馮居士

七十古希。百年能幾。今此暮景。正宜放開懷抱。看破世間。宛如一場戲劇。何有眞實。但以一聲阿彌陀佛消遣光陰。但以西方極樂世界爲我家舍。我今念佛。日後當生西方。何幸如之。發大歡喜。莫生煩惱。倘遇不如意事。卽便撥轉心頭。這一聲佛。急急提念。卻回光返照。我是阿。彌。陀。佛。世。界。中。人。奈。何。與。世。人。一。般。見。識。回嗔作喜。

與太倉王孝廉

一心念佛。此是智慧中人。大安樂大解脫法門也。

貴宅世修盛德。何爲尊體遘斯劇疾。得無宿業使之然乎。疾病之繇。多從殺生中來。故偏重放生也。今更有所陳。良以外僧代懺。與內心自懺。功德懸殊。願空其心。盡罷一切諸緣。於空心中單念一聲阿彌陀佛。所云念者。不必啟口動舌。但默默以心眼返照。一字一字分明。一句一句接續。從朝至暮。從暮至朝。心心靡間。若有痛苦。忍之耐之。一心顧念。經云至心念佛一聲。滅八十億劫生死重罪。故功德懸殊也。

答聞谷廣印

問。古人已稟單傳直指。後修淨業而欲往生者。爲是悟後隨願起行耶。爲是未悟二行兼修耶。若兼修者。墮偷心岐路心。工夫那得成片耶。若已悟。則塵塵華藏。在在蓮邦。十方無不可者。何獨樂生西方耶。

答。眞信淨土決志往生者。不論已悟未悟。其從事單傳直指而未悟者。雖日以參禪爲務。不妨發願往生。以未能不受後有。畢竟有生處故。不是偷心岐路心也。其已悟者。古人云。汝將謂一悟便可上齊諸佛乎。故普賢爲華嚴長子。雖塵塵華藏。在在蓮邦。而行願品必拳拳乎以往生安樂爲言也。已悟尚然。未悟可知矣。

問。參禪貴一念不生。念佛貴淨念相繼。茲參究念佛一門。意在妙悟而得往生也。今念時雖心佛分明。參時即二俱坐斷。斷故參功漸深。念力漸微。則他時焉得亦悟亦生耶。

答。一念不生。是禪非參。起念下疑。乃名曰參。楞嚴云又以此心反覆研究等是也。念時參時。俱屬有念。亦不相悖。

問即心即佛。不外馳求之理。信得及。見得徹了。爲便隨緣消業勿造新殃任運騰騰。以待夫識乾自得耶。爲當更起疑情窮參力究以求妙悟耶。

答。即心即佛。若眞信得及。眞見得徹。千了百當。更無疑。

滯者方可任運過時。如其不然。未可放參。

示大同

古人教親近明師。求善知識。而善知識。實無口傳心授。秘密法門。只替人解粘去縛。便是秘密。今但執持名號一心不亂。此八箇字。即是解粘去縛。秘密法門。即是出生死。堂堂大路。朝念暮念。行念坐念。念念相續。自成三昧。莫更他求也。

警衆

入道要門。信爲第一。惡事非信。尚不成就。況善事乎。譬如世間盜賊。時乎敗露。官府非不以極刑繩之。迨後釋免依舊不悔所以者何他卻信得這條門路不齊一文本錢自獲利無算所以備受苦痛決不退悔今人念佛再不肯眞切加功只是不曾深思諦信不要說不信淨土只如世尊說人命在呼吸間這一句話於義理不是難解說你們眼裏親見耳裏親聞經過許多榜樣如今要你信得這句話早是不能勾也你若眞實信得這句話則念佛法門不必要我費盡力氣千叮萬囑爾自如水赴壑萬牛不能挽矣。

予見新學後生纔把一句佛頓在心頭閒思妄想越覺騰沸便謂念佛工夫不能攝心不知汝無量劫來生死

根由。如何能得即斷。且萬念紛飛之際。正是做工夫時。節。旋收旋散。旋散旋收。久後工夫純熟。自然妄念不起。且汝之能覺妄念重者。虧這句佛耳。如不念佛之時。瀾翻潮湧。刹那不停者。自己豈能覺乎。

念佛有默持。有高聲持。有金剛持。然高聲覺太費力。默念又易昏沉。只是綿綿密密。聲在於脣齒之間。乃謂金剛持。又不可執定。或覺費力。則不妨默持。或覺昏沉。則不妨高聲。如今念佛者。只是手打魚子。隨口叫喊。所以不得利益。必須句句出口入耳。聲聲喚醒自心。譬如一人濃睡。一人喚云某人。則彼即醒矣。所以念佛最能攝心。

今人不肯念佛。只是輕視西方。不知生西方乃是大德大福大智大慧大聖大賢的勾當。轉娑婆。成淨土。不同小可。因緣。汝但看此城中一日一夜。死卻多少人。不要說生西方。卽生天。千百人中尚無一箇。其有自負修行者。祇是不失人身而已。故我世尊大慈大悲。示此法門。功過乾坤。恩逾父母。粉骨碎身。不足爲報。

念佛警策卷上終

念佛警策卷下

菩薩戒弟子彭際清纂

紫柏老人集　　達觀大師

僧海州參師問曰。汝出家爲甚麽。曰。爲求出苦。師曰。以何法而求出苦。曰。我資鈍。但念佛。師曰。汝念佛常間斷否。曰。合眼睡時便忘了。師震威呵曰。合眼便忘。如此念佛。念一萬年也沒幹。汝自今而後。直須睡夢中念佛不斷。方有出苦分。若睡夢中不能念佛。忘記了。一開眼時。痛哭起來。直向佛前叩頭流血。或念千聲。或念萬聲。盡自家力量便罷如此做了三二十番自然大昏睡中佛即不斷矣且世上念佛的人或三二十年或盡形壽念佛及到臨時卻又無用此是睡夢中不曾有念頭故也人生如覺人死如夢所以夢中念得佛底人臨死自然不亂也

念佛法門最爲簡便但如今念佛之人都無定志所以千百人念佛無有一兩人成就者這一句佛一切菩薩一切天一切人若生西方者莫不因此這一句阿彌陀佛而度苦海然念佛心眞不眞勘驗關頭直在歡喜煩惱兩處取證其眞假之心歷然可辨大抵眞心念佛人

於歡喜煩惱中。必。然。念。念。不。間。斷。是以煩惱也動他不得。歡喜也動他不得。煩惱歡喜既不能動。死生境上自然不驚怖。今人念佛。些小喜怒到前。阿彌陀佛便撇在腦後。如何能得念佛靈驗。若依我念佛。果能於愛憎關頭不昧此句阿彌陀佛。而現在日用。不得受用。臨終不得往生。我舌根必然破爛。你若不依我法行。則念佛無有靈驗。過仍在汝。與我無干。嘉靖初。蒲之萬固寺背七里許。有剎曰讚歎。其中老衲義秀者。溫里人。精進敦實。日課阿彌陀佛十萬餘聲。朝夕無間。五十餘年。至於經行之所。磚砌成漕。或穿及底。人試補之。久復成漕。今猶在也。初有貧寒子不能自活。來依秀。秀納之。久之見其動靜弗佳。因呵曰汝眞賊也。無何。果約其黨。乘夜擊秀。初擊。秀稱佛聲。猶洪。再擊。秀稱佛聲。弗斷。然亦微矣。因死。噫。當垂絕之時。佛聲弗斷。至於股折。能跏趺。而逝。非五十年志氣堅強勁正。烏能至此。

示念佛切要　　憨山大師

念佛求生淨土一門。原是要了生死大事。故云念佛了生死。今人發心。因要了生死。方纔肯念佛。只說佛可以了生死。若不知生死根株。畢竟向何處念。若念佛的心。斷不得生死根株。如何了得生死。如何是生死根株。古人云。業不重不生娑婆。愛不斷不生淨土。是知愛根乃生死之根株。推此愛根。不是今生有的。也不是一二三四生有的。乃自從無始最初有生死以來。生生世世。捨身受身。皆是愛欲流轉。直至今日。翻思從前何曾有一念暫離此愛根耶。如此愛根種子。積劫深厚。故生死無窮。今日方纔發心念佛。只望空求生西方。連愛是生死之根的名字也不知。何曾有一念斷着。既不知生死之根。則念佛一邊念。生死根只聽長。如此念佛。與生死兩不相關。念到臨命終時。只見生死愛根現前。那時方知念佛全不得力。卻怨念佛無靈驗。悔之遲矣。故勸今念佛的人。先要知愛是生死根本。而今念佛。念念要斷這愛根。即日用現前。在家念佛。眼中見得兒女子孫家緣財產。無一件不是愛的。則無一事無一念不是生死活計。如全身在火坑中一般。不知正念佛時。心中愛根未曾一念放得下。愛是主宰。念佛是皮面。如此佛只聽念。愛只聽長。且如兒女之情現前時。回光看看。這一聲佛。果能敵得這愛麼。果能斷得這愛麼。若斷不得這愛。畢竟如何了得生死。以愛緣多生習熟。念佛纔發心。甚生疎。又不切實。因此不得力。若目前愛境主張不得。則臨命終時畢竟主張不得。故勸念佛人。第一要知爲生死心切。要斷生死心切。要在生死根株上。念念斬斷。則念念是了生死之時也。如此念念眞切。刀刀見血。若不出生死。則諸佛墮妄語矣。故在家出家。但知生死心。便是出生死的時節也。豈更有別妙法哉。

示淨心居士

往老人過吳中。淨心居士參禮請益。老人示之以念佛法門。以念佛如水淸珠能淸濁水。故以淨心爲道號。別數年矣。今書來云念佛難成一片。復請開示。老人因示之曰。修行第一要爲生死心切。生死心不切。如何敢云念佛成片。且衆生無量劫來。念念妄想。情根固蔽。即今生出世何曾一念痛爲生死。日用念念循情。未嘗返省。今欲以虛。浮信。心就。要。斷。多劫。生死。所謂滴水救積薪之火。豈有是理哉。若果爲生死心切。念念若救頭然。只恐一失人身。百劫難復。要將。此。一。聲佛。咬定。定。要。敵。過。妄。想。一。切。處。念。念。現。前。不。被。妄。想。遮。障。如此下苦切工夫。久久純熟。自然相應。如此不求成片而自成一片矣。此事如人飲水。冷煖自知。告訴不得他人。全要自己着力。若但將念佛做面皮。如此驢年無受用時。直須勇猛。更莫遲疑。

淨土法語

幽溪法師

楊次公云。愛不重。不生娑婆。念不一。不生極樂。娑婆有一愛之不輕。則臨終爲此愛所牽。矧多愛乎。極樂有一念之不一。則臨終爲此念所轉。矧多念乎。夫愛有輕焉重焉。厚焉薄焉。正報焉。依報焉。歷舉其目。則父母妻子。昆弟朋友。功名富貴。文章詩賦。道術技藝。衣服飲食。屋室田園。林泉花卉。珍寶玩物。不可枚盡。有一物之不忘。愛也。有一念之不遺。愛也。有一愛存於懷。則念不一。有一念不歸於一。則不得生。或問輕愛有道乎。曰。輕愛莫要乎一念。一念有道乎。曰。一念莫要乎輕愛。蓋念不一由散心異緣使然。散心異緣。由逐境紛馳使然。娑婆有一境。則衆生有一心。衆生有一心。則娑婆有一境。聚緣內搖。趣外奔逸。心境交馳。愛若塵沙。故欲輕其愛者。莫若杜其境。衆境皆空。萬緣都寂。萬緣都寂。一念自成。一念若成。則愛緣俱盡矣。曰。杜境有道乎。曰。杜境者非屏除萬有也。亦非閉目不觀也。卽境以了其虛。會本以空其末也。萬法本自不有。有之者情。故情在物在。情空物空。萬法空。而本性現。本性現而情念息。自然而然。非加勉強。楞嚴所謂見與見緣。并所想相。如虛空花。本無所有。此見及緣。原是菩提妙淨明體。云何於中有是非是。是以欲杜其境。莫若體物虛。體物虛則情自絕。情絕則愛不生。而惟心現。念一成。故圓覺云。知幻卽離。不作方便。離幻卽覺。亦無漸次。一去一留。不容轉側。功効之速。有若桴鼓。學道之士。於此宜盡心焉。曰。輕愛旣聞命矣。一念奈何。曰。一念之道有三。曰信。曰行。曰願。不疑謂之信。苟有疑焉。心不得一矣。是以求生極樂以敦信爲始。必須徧讀大乘。廣學祖教。凡是發明淨土之書。皆須一一參求。悟極樂原是我惟心之淨土。不是他土。了彌陀原是我本性之眞佛。非是他佛。大要有二。悟妙有徧周徧具。以爲欣淨之本。悟眞空圓離圓脫以爲捨穢之原。

第二修行者。敦信如目視。修行如足行。信而不行。猶有目無足。行而不信。猶有足無目。是故信解既備。應當念佛修。行。如目足兼備。能到涼池。行門有二。一正。二助。正行復二。一稱名。二觀想。稱名如小本彌陀經七日持名一心不亂。有事一心。理一心。若口稱佛名。繫心在緣聲聲相續。心心不亂。設心緣外境。攝之令還。此須生決定心。斷後際念。撥棄世事。放下緣心。使念心漸漸增長。從漸至久。自少至多。一日二日。乃至七日。畢竟要成一心不亂而後已。此事一心也。苟得此已。則極樂之淨因成就。垂終之正念必然。身無病苦。不受惡纏。預知時至。身心歡喜。吉祥而逝。坐脫立亡。親見彌陀。垂光接引。得生淨土必矣。理一心亦無他。但於事一心中。念念了達能念之心。所念之佛。三際平等。十方互融。非空非有。非自非他。無去無來。不生不滅。現前一念之心。便是未來淨土之際。念而不念。無念而念。無生而生。生而無生。於無可念中熾然而念。於無生中熾然求生。是爲事一心中明理一心也。二觀想者。具如觀無量壽佛經。境有十六。觀佛最要。當觀阿彌陀佛丈六之身。作紫磨黃金色像。立華池上。作垂手接引狀。身有三十二種大人相。相有八十種隨形好。作此想者亦有事理。事則以心繫佛。以佛繫心。初觀足下安平如奩底。次觀具千輻輪相。如是次第逆緣至頂中肉髻。復從肉髻順緣至足底。了了分明。無分散意。理一心者。經云諸佛如來是法界身。入一切衆生心想中。是故心想佛時。是心卽是三十二相。八十種好。是心作佛。是心是佛。諸佛正徧知海。從心想生。是故汝等應當繫念彼佛。此義具明微妙三觀。如觀經疏妙宗鈔中說。然此二種正行。當相須而進。凡行住睡臥時則一心稱名。凡趺坐時則心心作觀。行倦則趺坐以觀佛。坐出則經行以稱名。苟于四威儀中修之不間。往生淨土必矣。二助行。亦有二。一世間之行。如孝順父母。行世仁慈。慈心不殺。具諸戒律。一切利益之事。若能回向西方無非助道之行。二出世之行。如六度萬行種種功德。讀誦大乘。修諸懺法。亦須以回向心而助修之。無非淨土行也。更有一種微妙助行。當歷緣境。處處用心。如見眷屬。當作西方法眷想。以淨土法門而開導之。令輕愛以一其念。永作將來無生眷屬。若生恩愛時。當念淨土。眷屬無有情愛。何當得生淨土。遠離此愛。若生瞋恚時。當念淨土眷屬無有觸惱。何當往生淨土得離此瞋。若受苦時。當念淨土無有衆苦。但受諸樂。若受樂時。當念淨土之樂。無央無待。凡歷緣境皆以此意而推廣之。則一切時處無非淨土之助行也。第三願者。夫淨士舟航。要以信爲柁。行爲篙櫓檣纜。願爲風帆。無柁則無所指南。無篙櫓檣纜則不能運行。無風帆則不能破浪疾到。故次行以明願也。第願有通別。有廣狹。有偏局。通如古德所立回向發願文。別則各隨己意。廣謂四弘上求下化。狹謂量力。決志往生。局如課誦有時。隨衆同發。偏則時時發願處處標心。但須體合四弘。不得師心妄立大率所發之願。別勝於通。通恐隨人語轉。別則自己標心。然隨通文而生決志。雖通而別。若於別文而生濫漫。別亦成通。又廣勝於狹。廣則發心大。尅果勝。狹則悲願淺。獲果劣。又偏勝於局。局則數數間斷。偏則念念圓成。如此三法。可以期生淨土。速覲彌陀。一切淨土法門。舉不外乎是矣。

西方合論

袁宏道

一信心行者。經云信爲道元功德母。一切諸行。信爲正因。乃至菩提果滿。亦。只完。此信。根。如穀子墮地。迨於成實。不異初種。如稚筍參天。本是原竿。初心菩薩無不依信力成就者。蓮宗尤仗信爲根本。一信阿彌陀佛不動智根本智。與己。無。異。如大虛空。日映則明。雲來則翳。虛空本無是故。又。雲。日。卽。虛。空。故。二信阿彌陀佛那由他劫難行難忍。種種修習之事。我亦能行。何以故。無始漂溺三途。生苦死苦。披毛戴角。鐵牀銅柱。一切無益之苦。皆能受之。況今菩薩萬行濟衆生事。豈不能爲。三信阿彌陀佛無量智慧。無量神通。及成就無量願力等事。我亦當得。如來自性方便。具有如是不思議事。我與如來同。一自體淸淨性。故四信阿彌陀佛不去不來。我亦不去不來。西方此土。不隔毫端。欲見卽見。何以故。一切諸佛皆以法性爲身土。故五信阿彌陀佛修行歷劫直至證果。不移剎那。我亦不移剎那。位齊諸佛。何以故。時分者是業法。界海中業不可得。故如是信解。是入道初心。信一切諸佛淨土之行。二止觀行者。台宗三觀。示一心之筌蹄。攝諸法之要領。西方十六觀。一一具此三義。妙宗鈔云。性中三德。體是諸佛三身。卽此三德三身。是我一心三觀。若不然者。則觀外有佛。境不卽心。何名圓宗絕待之觀。亦可彌陀三身以爲法身。我之三觀以爲般若。觀成見佛卽是解脫。舉一具三。如新伊字。觀佛既爾。觀諸依正。理非異塗。廣如疏鈔。不能具述。知此則知念佛一聲。具足三觀。了能念之心。非肉團。非緣影。是空觀。了所念之佛。若依若正。各各主伴圓融。豎窮橫徧。是假觀。了能所絕待。雙亡雙照。是中觀。又能念卽一心三觀。所念卽一境三諦。能所不二。卽諦觀不二。三諦卽法身。

三觀即般若。諦觀不二。念佛相應。即解脫。舉一即三。如新伊字。是則念佛。一。聲。能淨。四土。如拈一微塵。變、大地作黃金。是謂法界圓融不可思議觀門。三六度行者。起信論。菩薩於眞如法中。深解現前所修離相。以知法性體無慳貪故。隨順修行檀波羅蜜。以知法性無染。離五欲過故。隨順修行戒波羅蜜。以知法性無苦。離瞋惱故。隨順修行忍波羅蜜。以知法性無身心相。離懈怠故。隨順修行精進波羅蜜。以知法性常定。體無亂故。隨順修行禪波羅蜜。以知法性體明。離無明故。隨順修行般若波羅蜜。故修淨土者。不越一行。具此六義。念。念。離。行。於。

施。念。念淨。行。於。戒。念。念。寂。行。於。忍。念。念。續。行。於。進。念。念。一。行。於。定。念。念。佛。行。於。智。當知離淨。寂。續。一。必有。事相。隨。緣。而。起。而。皆。從。念。佛。流。出。正助不二。事理不二。是故念佛一行。能該諸行。以。念。佛。是。一。心。法。門。心。外。無。諸。行。故。若。廢諸行。卽是廢心。

四悲願行者。諸佛菩薩性海無盡。供養無盡。戒施無盡。饒益無盡。故天親菩薩淨土五念門。以禮拜讚歎作願觀察四種。爲成就入功德門。回向一切煩惱衆生。拔世間苦。爲成就出功德門。菩薩修五念門。速得阿耨菩提。

難曰。淨名經。觀衆生如夢所見已寤等。發願利生。將無眼見空華耶。答。智度論引佛云。無佛者。破著佛想。不言。取。無佛相。當知無衆生者。破。衆生想。不言。取。無。衆生相。故淨名謂菩薩作是觀已。自言我當爲衆生說無衆生法。即眞實慈也。故知菩薩種種度生。是深達。無。衆生義。若見有衆生。即見有我。慈悲心劣。豈能行如是二種饒益之行。佛告比丘。功德果報甚深。無有如我知恩分者。我本以欲。心無厭足。故得佛。今雖。更無功德可得。我欲。心亦不休。當知行海無邊。非丈竿尺木所能探。其底裏。癡兒見人指門前竿云。在天半。即計量言。從地至天。止兩竿許。佛法戲論。亦復如是。

五稱法行者。法界海無量無邊。行海亦無量無邊。是故菩薩一切行。皆稱自性。非有非無。非行非不行。稱法自性。非初心得。非後心得。今當略出其相。一菩薩度一切衆生。究竟無餘涅槃。而生界不減。如登場傀儡。悲笑宛然。唯一土泥。空無所有。二菩薩行五無間而無惱恚。至地獄無罪垢。至畜生無無明憍慢等過。如女子離魂乃至生子。而身常在母前。三菩薩自身入定他身起。一身入定多身起。有情身入定無情身起。如猛虎起屍。跪拜作舞。唯虎所欲。而屍無知。四菩薩於小衆生身中轉大法輪。燃大法炬。震大法雷。魔宮摧毀。大地震動。度無量無邊衆生。而此小衆生不覺不知。如天帝樂人。逃入小女子鼻孔。而女不覺知。五菩薩欲久住世。卽以念頃衍無量無數百千億那由他劫。欲少住世。卽以無量無數百千億那由他劫縮爲念頃。如小兒看燈中走馬。計其多寡首尾。了不可得。若證。如是不思議行者。一念中。三世諸佛。淨土。攝入。無餘。是謂菩薩莊嚴淨土之行。以無思智照之可見。非情量所能猜度。何以故。自性超一切量故。

紀夢　　袁中道

萬歷甲寅十月十五日。課畢趺坐。形神靜爽。忽瞑去如得定。俄魂出屋上。月正明。不覺飄然輕舉。疾如飛鳥。雲中二童子馳呼予曰。逐我來。蓋西行也。下視山澤平疇城邑村落。若垤土杯水蜂衙蟻穴。少墜蕞不可聞。極力上振乃否。俄二童子下至地。曰住。予隨下。見坦道如繩。平如掌。眎其地。非沙石。光耀滑膩。逐路有渠。文石爲砌寬十餘丈許。渠中五色蓮。芳香非常。渠上樹枝葉晃耀。好鳥和鳴。間有金橋界渠。欄楯交羅。樹內樓閣整麗無比。樓中人淸美妍好。宛若仙。皆睨予而笑。童子行速。予追不及。大呼曰可於金橋少待。童子如言。始及之。共倚橋上寶欄少息。予揖問卿何人。此何處。幸爲我言。曰予靈和先生侍者也。先生與卿有所晤言。予曰先生何人。曰即令兄中郎先生。相見自爲卿言。可疾往。復取道至一處樹千餘株。葉翠羽。花金瓣。樹下池水汩汩。池上白玉扉。一童先入。一童導過樓閣二十餘重。金色晃耀。靈花異草拂檐楹。至一樓下。一人下迎。神似中郎。而顏如玉。衣若雲霞。長丈餘。見而喜曰。弟至矣。攜手上樓。設拜。有四五天人來共坐。中郎曰。此西方邊地也。信解未成。戒寶未全者。多生此。亦名懈慢國。上方有化佛樓臺。前有大池可百由旬。中有妙蓮。衆生托體。滿則散處樓臺。與有緣淨友相聚。以無婬聲美色。勝解易成。不久進爲淨土中人。予私念如此尚是邊地耶。問兄生何處。中郎曰。我淨願雖深。情染未除。初生此少時。今居淨域矣。終以乘急戒緩。僅地居。不得與大士升虛空寶閣。尚需進修。耳幸宿生智慧猛利。又曾作西方論讚。歎如來不可思議。度生之力。感得飛行自在。游諸剎土。諸佛說法。皆得往聽。此實爲勝。拉予行。冉冉上升。倏忽千萬里。至一處。隨中郎下。無日月。無晝夜。光耀無障蔽。皆以琉璃爲地。內外映徹。以黃金繩雜廁間錯。界以七寶。分劑分明。樹皆栴檀吉祥。行行相值。莖莖相望。數千萬重。一一葉出衆妙花。作異寶色。下爲寶池。波揚無量自然妙聲。其底沙純以金剛。池中衆寶蓮葉五色光。池上隱隱危樓迴帶。閣道旁出。棟宇相承。窗闥交映。階墀軒楹。種種滿足。皆有無量樂器。演諸法音。大小彌陀經所載。十不得其杪忽耳。仰而睇之。空中樓閣。皆如雲氣。中郎曰。汝所見淨土地行衆生光景也。過此爲法身大士住處。甚美妙。千倍萬倍於此。神通亦百、倍千倍於此。吾以慧力遊其間。不得住也。過此爲十地等覺所居。吾亦不得而知。過此爲妙覺所居。惟佛與佛乃能知之。語罷復至一處。無牆垣。有欄楯。院宇光耀非常。不知何物爲之。覺黃金白玉。皆如土色。共坐一樓下。少談。中郎曰。吾不圖樂之至此極也。使吾生時嚴持戒律。尙不止此。大都乘戒俱急。生品最高。次戒急。生最穩。若有乘無戒。多爲業力所牽。流入八部鬼神衆去。予親見同人矣。弟般若氣分頗深。戒定力甚少。夫悟理不能生戒定。亦狂慧也。歸五濁。趁強健。實悟實修。兼持淨願。勤行方便。憐憫一切。不久自有良晤。一入他途。可怖可畏。如不能持戒。有龍樹六齋法見存。遵而行之。殺戒尤急。寄語同學。未有日啓驚刀口貪滋味。而能生清泰者也。雖說法如雲如雨。何益於事。我與汝空王劫時。世爲兄弟。乃至六道。莫不皆然。幸我已得善地。恐汝墮落。方便神力攝汝至此。淨穢相隔。不得久留。予更問伯修諸人生處。曰。生處皆佳。汝後自知。忽淩空而逝。予起步池上。如墮。一駭而醒。通身汗下。時殘燈在篝。明月照窗。更四漏矣。

答卓發之文學　無異禪師

問。華嚴會中二乘如盲如聾。然亦兼攝聲聞。以包含無量乘故。此經雖云二乘種不生。乃所宣道品大小互通。正與華嚴四聖諦品不異。故有生彼經劫方證小果者。如大智度論言。彌陀亦以三乘度生。自應三藏五教總攝。何云不攝小乘。且既通雜華。復不能通雜華所攝無量乘耶。

居士既知華嚴攝無量乘。豈不知上德聲聞如身子目連。杜視絕聽。悉是如來勝方便力故。爲導引一類小機發起深信。信于一乘。如法華云。佛以無數方便引導衆生。其實皆爲一佛乘故。此經云。二乘種不生者。正爲化導。二乘。執空。不修淨土。者。鈔云。豈獨凡夫。亦度二乘聖人。二乘既生。況菩薩不生。彌陀以三乘度生。當無疑惑。既以三乘化導。亦攝無量乘。二經互通。不言可喻。

問餘門學道。名豎出三界。念佛往生。名橫出三界。所謂餘門。正指教中觀行。故參禪稱爲別傳。淨土亦云徑路。皆以超越觀行故。今云觀卽是念。念卽是觀。直以台觀當之。不反鈍置念佛耶。

橫豎等論。鈔云。如蟲在竹。豎則歷節難通。橫則一時解脫。謂樂邦與苦域竝峙。故曰橫也。此是一往之說。論一心者。橫豎皆徧。彌陀經云。其佛光明無量。照十方國。無所障礙。觀經云。是心作佛。心卽佛故。淨土唯心。以界曰橫論。心豈不圓具也。餘門非單指觀行。實乃具一切法門。參禪稱爲別傳者。非五教之所詮。淨土亦云徑路。非三觀之所及。今說觀卽是念。念卽是觀。舉一念卽具觀行。以一念超越。卽便往生。非觀行成就。然後往生。故知念不妨攝觀。非觀行能鈍置念佛也。

問大本云。若有衆生。發一念心念無量壽佛。定生彼國。疏中尅期止及十念。而不及一念何邪。又念性刹那生滅。此經七日定力乃生。則未得禪定者無分。若此一念如一稱成佛。釋作一心歸命。則本不應繫十念之後。若止作一念喜愛之心。則全無定力。亦得往生。其勝方便又當超越小本邪。

十。念與。此。本。互。相。通。故。何。分。優。劣。以。一。念。具。一。切。念。故。一。念。未。必。爲。劣。以。十。念。即。一。念。故。十。念。未。必。爲。優。是故說一念不妨十念。說十念不妨一念。又刹那際不妨七日。七日不妨刹那際。經云一念普觀無量劫。無去無來亦無住。或說一念。或說十念。或說七日。或說多劫。皆是如來勝方便故。亦不論定不定。喜愛不喜愛。但一心念佛。無事不辦。如靈丹一粒。點鐵成金。更無疑慮。又何必以難易較其超越也。

問。此七日。若平時姑置待臨終方念。已爲天如所呵。今既屬平時。爲是七日之後。盡此形壽。更不復亂邪。爲復此後雖亂。終得往生邪。若永不復亂。不應止名七日。若更亂者。則已經退轉。何能感佛現前。

經云。一日乃至七日。是尅期往生。不論臨終平時。一聞佛名。便發猛銳。七日往生者不論。若未生者。在無間斷念念相續。豈可七日得定。再不念佛。其執持二字。何以消文。疏中云。執者聞名受之。勇猛果決。不搖奪故。持者受斯守之。常永貞固。不遺忘故。何云七日後。復隨散亂邪。行者一心正念。更加猛利以終身。如初發念頃。何愁佛不感乎也。

問鈔中明理一心為觀力成就。則體究全屬觀門。但前言妙觀難成。故顯持名殊勝。今乃復通觀法。仍是定觀勝于持名矣。若云參誰字是體究。則又全屬宗門。且當參話時不應有念。未免兩處負墮。義云何通。

前言妙觀難成。顯持名殊勝。良以娑婆之衆。心多散亂。

故持名攝念。勝乎觀門。今乃復通觀法。以觀境殊勝。不妨速於持名。以持名徑捷。不妨超乎觀法。兩處義成。何得云墮。若宗門參究。是逗機之法。不必與淨土和會。如參念佛者是誰。便屬言語道斷。又不可以理路為依傍。也。

問一部疏鈔。大意全重理持。則所明持法。最為要害。今既是持名。復標理觀。既是理觀。復拈話頭。禪淨止觀三法混淆。雖復義理圓融。而行人念不歸一。將何為宗。此與一門深入專修無間之旨。復何不侔。

疏鈔一部。雖則全歸理觀。如玄譚云守約則唯事持名。

又云舉其名兮。兼衆德而咸備。專乎持也。統百行以無遺。則知專尙持名。不妨發明理觀。觀理明徹。如膏益火。則更增猛熾也。如華嚴大部攝無量乘。上根利智頭頭是路。亦不名混淆。但以根器相投。亦吾師翁之善巧耳。

問疏指至心念佛一聲。滅八十億劫生死重罪。屬理一心。若事一心者。多念止滅少愆。乃又引佛名經云。一聞佛名滅無量劫生死之罪。釋云一聞則不待憶念。無量則不但八十億劫。然則何必獨指理一心也。覺于此中自相違礙。又此經亦言聞經聞名。皆得不退。則等閒發願。散亂稱名者。咸不退邪。

果得一心。則不論理事。疏鈔謂多念止滅少愆者。此是就散亂而冀一心者說也。聞名滅罪。衆生在迷。亦復不知。如地獄聞名。卽得究竟。幷獲往生者。何止滅罪。蓋論衆生心力之勤怠耳。大凡教中論理論事。論定論散。如用兵之法式。臨陣。決勝。貴在當人。必不以法式楷定。然後爲正論也。

問棗柏言華嚴一乘大道。非往生菩薩境界。何故華嚴長子。乃以十願導歸極樂。如生公說闡提有佛性。則後出涅槃爲證。今行願全與棗柏不符。則一論宗旨。竟將安歸。乃雲棲但拈出導歸之文。亦不能折棗柏之誤。當知棗柏未易輕詆。今欲和會兩義。其說云何。

棗柏謂華嚴非往生菩薩境界。爲顯一乘。不妨抑彼揚此。普賢導歸極樂。正謂攝無量乘。故棗柏爲化大心凡夫頓入華藏故。普賢是華藏中菩薩。以十願導歸極樂者。爲三根普利故。如觀方入一隅。則十方普現。故良以大心難發。極樂易生。究竟旨歸彼此符合。則知棗柏原非錯誤。雲棲安得以是爲非邪。

問諸經多言念佛行人。現前見佛。如遠公三覩聖相等。所謂念佛人佛住其頂。古德教人決志求驗。正在平時。今經止言臨終佛現。豈七日功成。未能現見。僅感臨終邪。抑必現前見已。然後臨終得見邪。

諸經多言行人現前見佛。亦有當來見佛之語。楞嚴云。憶佛念佛。現前當來必定見佛。其必定二字。深有旨趣。如種穀得穀。必無虛棄之功也。遠公三觀聖像。現前見佛也。淨土諸師臨終感佛來迎。當來見佛也。由此觀之。只愁不念佛。不愁行人不見佛也。無論平時七日。但一心不亂。專持名號。喚醒自性彌陀。一切佛菩薩皆影現其中矣。

問世尊言諸修行人。用攀緣心爲自性者。猶如煮沙欲成嘉饌。今念佛心是攀緣心耶。非攀緣心耶。若用攀緣心者。一切覺觀思惟。皆是生死根本。若非攀緣心者。何言念性生滅。因果殊感。若云此生滅心卽不生滅心。何云煮沙。乃法華所云。若人散亂心一稱南無佛。南能所云。不斷百思想。對境心數起。又非用此生滅心邪。

世尊斥世間人認攀緣心爲自性。非斥用攀緣心入自性。豈不聞圓覺云。以幻修幻。天台專用六識。阿難云。供養如來。亦因此心。永退善根。亦因此心。以此推之。此心亦不惡。可以爲入道之前茅。論乎眞性。何用念爲。論乎樂土。非念。莫生。文殊云。念性生滅。此爲選耳根圓通。淨業智人。安得隨文殊脚跟轉。文殊如修般舟三昧。又當以。我。念佛。爲。良導。法華一稱。塵勞起而佛道成。南能不斷妄想與而涅槃現。又當留待別時。向居士一一道破。

追頂念佛法

三峯禪師

易曰。艮其背。不獲其身。行其庭。不見其人。此言做大學問之歇手處也。豈求生西方以念佛法門之大學問。而獨如記誦之學。使畢生喃喃。至臨終時悶絕無知處。猶欲以用心念佛工夫爲把捉者乎。是決不然。所貴在平時用功。先有歇手處耳。既有歇處。則安心樂意。不愁生。不愁死。此中空洞無物。所以有不期然而然之預知時至。不期然而然之無痛無苦。不期然而然之悶絕相應。不期然而然之蓮花化生也。是知小彌陀經。只寬得七日苦功。功成之后。寥寥落落全是無功用行。故其人臨命終時心不顚倒。卽得往生。若平時不曾到得一心不亂。卒至臨終痛苦悶絕時。必然驚慌顚倒。竟隨業去。若於此時着力。寧非艮其腓之不得自在者邪。茲因山中閒極。咏淨土偈二百首。幷出追頂念佛之法。意在大家預先辦過歇手處。非敢嚼殘飯餖飣淨土之語言學問也。幸同心者拚一個猛做到成辦。落得畢生作快活人。是所願矣。

念佛要一心不亂者。只以一句佛名。極力追頂。猛之又猛。情識一斷。則過去事思量不來。未來事卜度不着。現在境心識不攬。三心斷絕。謂之前後際斷。此因追極念極。一聞一見。觸境遇緣。逗斷心路。直得虛空粉碎。大地平沈。物我同消。一法不立。目前如大圓鏡中所現森羅萬象。了無一點可指擬分別。蕩然身心。如雲去來。此个光景。名爲一心不亂。到此便無心可亂故也。若不得到此境界。雖有暫時清淨。亦是小歇場。清淨時便有動亂時便失。動亂且失。何況臨終極痛極苦時哉。痛苦尚當不得。何況悶絕時耶。可見平生小小靜境。是心。意。識。邊。事。至悶絕時。則意識聰明主宰都用不着也。近來一輩善講西方。善勤功課者。皆一曾做度悶絕工夫。到得死來。便自失守。致手忙脚亂者多矣。吾人不可不知此弊也。若要脫得此弊。除是大勇猛人。照佛經所云一心不亂。蓋我佛所親指極則工夫。不過執持四字佛名。一句頂一句。一聲追一聲。如。猛將。提。刀。捉。賊。相。似。努。力。直。前。無。少。憩。息。如此兼程。定然能射馬擒王者。此等工夫。不是窮年累月寬做得來的。亦不是做到老死方纔着緊成的。只在健時一日間一做。做斷心識。得前光境。便可放下休歇。卽到悶絕時。極痛極苦。正與當初前後際斷。時。一樣歸根。貼體。如水歸水。似空合空。豈不自在。自知功夫不在佛名功德上着脚。只在追頂極力四字上成功耳。吾勸同門善友。依法念一日看。若一日不成。將養一日再念。或連念二日。消停再念。或連念三日四日。以至七日。或一月中猛念一日。七日者。我佛寬約程期者也。若念處不緊。以致一七不成。調養精神。七之再七。以必得一心不亂爲期。苟不得此。決不能一生便到淨土。只好種蓮華妙因。以待他世成功矣。惟一心不亂。是徹頭軌則。爲蓮華骨肉者。各自努力。

凡做追頂念佛工夫。不論僧尼道俗皆可勇爲。但須男女分壇。不得溷濫。入期之先隔宿。夫婦分單。小牀清臥。五更沐洗入壇。放空心識。關閉外緣。杜門絕事。作禮三拜之後。一總不須多禮。就於佛前先受戒圖。或已受者。即羯磨清淨。衆中推一有智者爲首領。調理大衆。提起阿彌陀佛四字。一追一頂緊緊念去。不可高聲傷氣。不可逼氣動火。不可默努傷血。不可輕鬆養識。不可沉靜墮昏。坐半枝小香。立半枝小香。行半枝小香。復坐半枝小香。週而復始。均匀不斷。飲食入廁更衣等。一例是佛。不得說話。早粥小食中齋夜粥。隨時腐菜小菜。勿得繁費生心。但只四字佛。如高山放水洶湧有力遮攔不住。放捨不得。自然意地流注。心識無從棲泊。念至二更時分。若倦極不妨各各就單睡一覺。起來依舊從前再念。一日或兩日。若念急身心俱倦。不妨大放一日一夜。沉睡到省。省來酸湯白飯。稀粥精蔬。但不可生心緣念。遽起塵勞。如覺精神抖擻。重新念起。再一日二日。消息行之。念念相應。心心不換。如直念到七日。或覺厭倦。不妨出期。俟健再起。蓋以做工夫法。不可與昏沉散亂打攪。若爲怕昏。只管排遣。正與昏沉作對。轉鬪轉多。不如放身一睡。昏沉自滅。若與掉舉打攪。只管排遣。正與掉舉作對轉鬭轉多。不如亦放身一睡。身心既安。掉舉自滅。極時一放。正是心境歇處。纔省轉來。精神倍旺。拈起洪名。十分精彩。目前雪淨。一聲一色。正是打斷心識處。妙不可言。此是法藏親證其益者。願修西方之士。不可不信。但不可藉此貪睡耳。須知做工夫到極處。若不放歇。生起陰魔。或生病苦。皆爲太執。不會調攝之過。主其事者須細思之。

淨土偈

不非禪律與經師。念念西方與麼持。脫盡法中憎愛境。
自然蓮出淨心池。

晚聞村哭夜聞歌。世事無憑變幻多。歌。哭。兩。忘。心。自。淨。
單。單。一。句。古。彌。陀。
一聲煙遂倚牛肩。草色青黃過一年。牧得寸心歸淨土。
白牛無鼻不須牽。
坐斷無心與有心。西方何處更思尋。一聲雷送夜來雨。
落落空敲七寶林。
一。色。波。涵。四。色。花。交。光。如。網。攝。河。沙。重。重。開。合。千。身。佛。
向。我。同。論。最。上。車。
促織聲凄雁未來。白雲青嶂夜徘徊。迂疎久已無緣慮。
只許蓮華淨土栽。

澗水初乾嶺絕薪。晨炊愁殺住山人。因之轉見樂邦樂。
一句彌陀念更眞。

世事駢闐老未休。飄蕭白髮尙馳求。處陰身共影俱歇。
一句彌陀是徹頭。

東家懺罪北家經。佛法牽人未肯停。獨有自家眞歇計。
彌陀。一句。閉。柴扃。

求生切切非關癖。政爲勞生癖未除。東土西方兩無癖。
蓮花寂滅證無餘。

誰把旃檀古鼎燒。黃雲冉冉座中飄。分明記取當初事。
身在蓮花香未消。

萬事不眞悲末法。自家生死也相瞞。彌陀倘把偷心念。
不肯眞眞拚一拚。
終身六字念難成。泛漾持名著力輕。前後斷來心始一。
大拚七日猛專精。
一日若眞前後斷。終身不念也相應。臨終不待尋人助。
自有蓮花脚下迎。
前後斷來淨念繼。六根攝久一心成。大開眉眼朝昏過。
窗外溪山枕上聲。

結壇持往生咒偈　　蕅益大師

稽首無量壽拔業障根本觀世音勢至海衆菩薩僧。我迷本智光。妄墮輪回苦。曠劫不暫停。無救無歸趣。劣得此人身。仍遭劫濁亂。雖獲預僧倫。未入法流水。目擊法輪壞。欲挽力未能。良由無始世。不植勝善根。今以決定心。求生極樂土。乘我本誓船。廣度沉淪衆。我若不往生。不能滿所願。是故於娑婆。畢定應捨離。猶如被溺人。先求疾到岸。乃以方便力。悉拯暴流人。我以至誠心。深心迴向心。然臂香三炷。結一七淨壇。專持往生咒。惟除食睡時。以此功德力。求決生安養。我若退初心。不向西方者。寧卽墮泥犂。令疾生改悔。誓不戀天人。及以無爲處。仰願大威神。力無畏不共。三寶無邊德。加被智旭等。折伏使不退。攝受令增長。

結壇念佛回向文

稽首阿彌陀。諸佛護念法。淨土諸聖賢。唯垂哀護持。智旭從無始來。迷常住理。失智慧明。背自性而枉受輪回。取妄心而永違眞境。善根雖發。投正教以捨家。宿習偏濃。熏三昧而罔就。矢心淨域。誓出苦輪。機感不專。聖應莫顯。悠悠歲月。罔罔襟期。可痛可悲。無洲無渚。今依釋迦誠訓。七日持名。用投無量慈光。一生求度。棲身淨壇。專稱洪號。若定若散。有記無記。仗佛悲輪。功無唐棄。願以功德及諸善根。悉共衆生回向安養。所冀現生魔障消除。捨報正念決定。一刹那頃。生如來前。受菩提記。滿本願輪。

示念佛法門

念佛法門別無奇特。只深信力行爲要耳。佛云。若人但念彌陀佛。是名無上深妙禪。天台云。四種三昧同名念佛。念佛三昧。三昧中王。雲棲云。一句阿彌陀佛。該羅八教。圓攝五宗。可惜今人將念佛看做淺近勾當。謂愚夫愚婦工夫。所以信既不深。行亦不力。終日悠悠。浄功莫尅。設有巧設方便。欲深明此三昧者。動以參究誰字爲向上。殊不知現前一念能念之心。本自離過絕非。不消。

作意離絕。卽現前一句所念之佛。本自超情離計。何勞說妙談玄。祇貴信得及守得穩。直下念去。或晝夜十萬。或五萬三萬。以決定不缺爲準。畢此一生。誓無變改。若不得往生者。三世諸佛便爲誑語。一得往生。永無退轉。種種法門咸得現前。切忌今日張三。明日李四。遇教下人又思尋章摘句。遇宗門人又思參究問答。遇持律人又思搭衣用鉢。此則頭頭不了。帳帳不淸。豈知念得阿彌陀佛熟。三藏十二部極則教理都在裏許。千七百公案向上機關亦在裏許。三千威儀八萬細行三聚淨戒亦在裏許。眞能念佛。放下身心世界。卽大布施。眞能念佛。不復起貪瞋癡。即大持戒。眞能念佛。不計是非人我。即大忍辱。眞能念佛。不稍間斷夾雜。即大精進。眞能念佛。不復妄想馳逐。即大禪定。眞能念佛。不爲他歧所惑。即大智慧。試自簡點。若身心世界猶未放下。貪瞋癡念猶自現起。是非人我猶自挂懷。間斷夾雜猶未除盡。妄想馳逐猶未永滅。種種他歧猶能惑志。便不爲眞念佛也。要到一心不亂境界。亦無他術。最初下手須用數珠。記得分明。刻定課程。決定無缺。久久純熟。不念自念。然後記數亦得。不記亦得。若初心便要說好看話。要不着相。要學圓融自在。總是信不深行不力。饒你講得十二分教下。得千七百轉語。皆是生死岸邊事。臨命終時。決用不著。珍重。

示法源

念佛工夫。祇貴眞實信心。第一要信我是未成之佛。彌陀是已成之佛。其體無二。次信娑婆的是苦。安養的可歸。熾然欣厭。次信現前一舉一動。皆可迴向西方。若不迴向。雖上品善亦不往生。若知迴向。雖誤作惡行。速斷相續心。起殷重懺。悔。懺悔之力。亦能往生。況持戒修福。種種勝業。豈不足莊嚴淨土。只爲信力不深。勝業淪於有漏。又欲捨此別商。誤之誤矣。但加眞信。一切行履。更不須改也。

示王心葵

法華一經殷勤稱歎方便。須知有世間方便。布施愛語孝悌忠信等是也。有出世間方便。苦空無常無我不淨數息因緣遠離知足等法門是也。有出世上上方便。十波羅密四攝四辨八萬四千三昧總持等是也。有不思議勝異方便。信自性中實有西方現成佛道之彌陀如來。唯心中實有莊嚴之極樂世界深心宏願。決志求生。不唯上上方便是其資糧。將世出世一切方便無非往生左券。此法門中點鐵成金手段不歷僧祇頓階不退。

名絕待妙法也。

示郭善友

佛法大海。信爲能入。智爲能度。若信心而乏智慧。未有不泣岐兩端者。佛言末世鬬諍堅固。億億人學道罕有一人證果。惟依念佛求生淨土。可以橫超苦輪。昔有祖師初但至誠禮法華經。拜至糞字遂悟法華三昧。有誦法華人來壽昌禪師處請益。叱云。邪見衆生不識好惡。法華便是禪。那裏別有禪可參。其人服膺而去。竟以持法華悟道。若深信念佛禮拜是佛祖眞因。確乎不被時流所轉。便是大智慧光明。超登淨土永無泣岐之患矣。

答卓左車茶話

宗乘與淨土。二俱勝妙法。衆生根性異。不免隨機說。向上一著。非淨非禪。卽禪卽淨。才言參究。已是曲爲下根。果大丈夫。自應諦信是心作佛是心是佛。設一念與佛有隔。不名念佛三昧。若念念與佛無間。何勞更問阿誰。故參究誰字。與攝心數息等。皆非淨土極則事也。淨土極則事。無念外之佛。爲念所念。無佛外之念。能念於佛。正下手時。便不落四句百非。通身撈入。但見阿彌陀佛。一毛孔光。卽見十方無量諸佛。但生西方極樂一佛國土。卽生十方諸佛淨土。此是向上一路。若捨現前彌陀。

別言自性彌陀捨西方淨土別言惟心淨土此是淆譌公案經云三賢十聖住果報唯佛一人居淨土此是腦後一鎚普賢十大願王導歸極樂誰敢收作權乘憶佛念佛不假方便自得心開誰謂定屬廉纖但能深信此門依信立願依願起行則念念流出無量如來徧坐十方微塵國土轉大法輪照古照今非爲分外何止震動大千世界而已欲知衲僧家事不妨借中峰一偈通箇消息偈曰禪外不曾談淨土須知淨土外無禪兩重公案都拈卻熊耳峯開五葉蓮

示丁耕野居士　　截流禪師

昔寂室和尚云。世人欲修淨業。不可言我今忙迫。且待閒暇。我今貧乏。且待富足。我今少壯。且待老時。若分定常忙。分定貧乏。分定夭折。卽於淨業無緣修習。忽爾喪亡。雖悔無及。何如趁身強健。努力修之。至哉言乎。然今之人。無論信樂者少。縱能深信淨土。而因循需待蹉過一生者。比比皆是也。居士天姿醇謹。向見衲不久。卽能警悟無常。長齋事佛。蓋宿緣有在也。然居士家無恆產。歲以館穫得糈。夫家無恆產則不足可知矣。身有館職則不閒可知矣。年方半百則未至衰老可知矣。乃一旦謝館不赴。卻諸門弟子。秉持滿分優婆塞戒。楗戶終年。

專力淨業。至于資糧薪水初無會計。非勇猛丈夫而能若是乎。且以斗室狹隘。半供經像。於中避囂息影。銳意精修。一如夏屋寬舒。泰然自足。惟慮其不能久久如斯也。嗟乎。夫人之居世亦何足定哉。竊嘗論之。暇莫暇於不失時。富莫富於常知足。強莫強於勤精進。今居士兼三者而有焉。則雖舉天下之聞者富者強有力者與居士較。吾知其有名而無義矣。能如是。於生淨土也何有。然更有一語願相告誡者。譬如萬斛之舟。欲有所往。檣非不高也。柁非不正也。資具非不完備也。去志非不決也。乘風張帆。有瞬息千里之勢。倘若船頭一樁未曾拔卻被一條纜索繫住。雖種種推排其能有濟否。今時淨業人有終日念佛懺罪發願而西方尙遙。往生弗保者。無他。愛樁未拔。情纜猶牢故也。若能將娑婆恩愛。視同嚼蠟。不管忙閒動靜。苦樂憂喜。靠着一句佛號。如須彌山相似。一切境緣無能搖動。或時自覺疲懈。惑習現前。便奮起一念。如倚天長劍。使煩惱魔軍。逃竄無地。亦如紅鑪猛火。使無始情識。銷鑠無餘。此人雖現處五濁之鄉。已渾身坐在蓮華國裏。又何待彌陀授手。觀音勸駕。而始信其往生哉。或曰彼居士勇猛精進如是。豈復牽於情愛。不幾於無病而授藥乎。予曰不然。古人云愛不重不生娑婆。又云道念若同情念。則成佛多時。五通仙人累劫精勤。尙以欲漏未除墮其功行。故知未登聖果以還。鮮有不被其繫累者。居士果世念輕微。道心勇銳。見欲如避火坑。憶佛如戀慈母。淨齋淸課永矢弗渝。又何妨以無病好人。常服良藥。寧不起居輕利轉益強健乎。總之煩惱無盡。而生死根本。則唯貪愛。能漂溺行人。障往生法。是故先佛經中處處訶責。但情愛一分疎濬。則淨業一分成熟。於生死岸頭。庶得解脫也居士其勉之哉。

諸佛之法要。微密不思議。以非思議故。無能盡宣說。牟尼大慈父。悲憫衆生者。說所不能說。導彼今後世。更以異方便。顯示安樂刹。令發願往生。橫。截。諸。惡。趣。由佛阿彌陀。大願攝羣品。聞名能受持。決定生無惑。若有大力、人。專。念。心。常。一。成就深三昧。現前亦見佛。今我如佛教。將開化導門。念爾等迷倒。確指正修路。是非弱小緣。應具難遭想。西方萬億程。一。念信。卽。是。所示淨土一門眞諸佛心宗。人天徑路。今汝等雖求往生。若發願不切。如入海而不獲寶珠。徒勞無益也。我昔於晉明帝時受貧子身。爲貧苦故。乃發大願云我以夙業受此苦報。若我今日不得見阿彌陀佛。生極樂國。成就一切功德者。縱令喪身。終不退息。誓已。七日七夜。專精憶念。便得心開。見阿彌陀佛。相好光明偏十方世界。我於佛前親蒙授記。後至七十五而坐脫。竟生極樂。後以度生願重。再來此土。隨方顯化。或爲比邱。或爲居士。或爲國王。或爲臣宰。或爲女人。或爲屠勾。或隱或顯。或順或逆。皆隨順說法。導諸羣品。今則又爲汝等發明邪正。闡揚淨土。汝等當一意一心。堅修此門。必不相誤。若心志一堅。又不待隔世而生。現前亦得見佛。有偈四句。少說一句話。多念一句佛。打得念頭死。許汝法身活汝等處身纏世網。念頭不得乾淨耶。我有一法。汝但發箇遠離求度之願。將牢牢歸向極樂世界見阿彌陀佛之心。換卻奔走利名之心。便能即塵勞而覺路矣。

有問念佛不能一心。當作何方便。菩薩曰。汝但息想定慮。徐徐念去。要使聲合乎心。心隨乎聲。念久自得。諸念澄清。心境絕照。證入念佛三昧。然平日必須多念。從千至萬。心無間斷。則根器最易成熟。若強之使一。終不一也。

定茂欲捨持咒而念佛。請問。示曰。汝欲捨持咒而念佛。一志專修最妙。但汝未知法要。只可名爲持齋好善之人不得名爲念佛之人何以故欲泛大海必具大舟欲馳千里必擇良馬故念佛人先須具大手段割絕牽纏打開塵網直下卽念是佛卽佛是心乃至離卽離非頓入如來大光明藏如是乃名正念念佛得名爲念佛人也汝應善解此義

諸弟子當知十方諸佛是衆生心十方衆生是諸佛心是故憶佛念佛則十方諸佛現汝心內然亦非諸佛之入於爾心亦非汝心出於諸佛皆是覺妙本明不可思議

心行處滅是諸佛常住眞心心行處有是衆生生死業

心其間不容絲髮若汝等能綿密加功使此心無些子空隙方得幾分相應莫略做半年十月便謂我能苦心修道不知此正障道處切宜愼之又工夫雖加若未到銅山鐵壁推不倒移不動處猶未是打成一片切莫見些影響便卽歇手是爲半塗而廢必至棄其前功毫無所益此學道人大病不可不知要知佛法如大海轉入轉深斷非小小知見之所能盡應盡形修習造極爲則切莫作容易想

念佛三昧是汝心大勢力之所成非由它致今爾等念佛晝夜不能如一亂想猶復間眞皆是用心不得力處

願定成求教。示曰。善男子。心本無念。念逐想生。此想虛妄。流轉生死。汝今當知此一句阿彌陀佛。不從想生。不從念有。不住內外。無有相貌。卽是盡諸妄想。諸佛如來淸淨微妙眞實之身。非一非二。不可分別。如是念者。煩惱塵勞。無斷無縛。止是一心。必得一心。方得名爲執持名號。方得名爲一心不亂。淨業功成。直趣上品。汝今當發大願。願生極樂。然後至誠懇惻。稱於阿彌陀佛。必使聲緣於心。心緣於聲。聲心相依。如貓捕鼠。久久不失。則入正憶念三昧。更欲上進。當廣參知識。博詢高明。自悟卽心是佛妙諦。

示無朽曰。大抵修淨業人。行住坐臥。起居飲食。俱宜西向。則機感易成。根境易熟。室中止供一佛一經一爐一桌一牀一椅。不得放一多餘物件。庭中亦掃除潔淨。使經行無礙。要使此心一絲不挂。萬慮俱忘。空洞洞地。不知有身。不知有世。并不知我。今日所作。是修行之事。如是則與道日親。與世日隔。可以趨向淨業。蓋汝生時撇得乾淨。拋得乾淨。念頭上不存一些子根節。大限到來。灑灑落落。不作兒女子顧戀身家子孫之態。豈不是大丈夫舉動。所以要汝一意修行。別無沾滯。正爲此一大關目也。至於修淨土之法。不出專勤二字。專則不別爲一事。勤則不虛棄一時。汝今晨起即誦阿彌陀經一卷。持阿彌陀佛一千聲。向佛前回向。念一心歸命文。以此文言簡而意備也。此爲一時之課。若初起或身心未寧。日止四時。稍寧漸增至六時又漸增至十二時。合經十二卷。佛名一萬二千聲。更於回向時禮佛百拜。亦可分作四時。此爲每日常課。餘工不必計數。或默或聲。但攝心諦念而已。又持名之法。必須字字句句。聲心相依。不雜分毫世念。久久成熟。決定得生極樂。坐寶蓮華。登不退地。若餘年未盡。猶得以其所證爲四衆向導。報佛深恩。汝若於我所說一一遵依。方不負覺明菩薩示汝正道。令汝出家。此非小小因緣。汝莫自生輕慢。愼之愼之。
又示曰。彌陀經十二卷。佛名一萬二千。不要增。不要減。
只依着我行去。但經要勻勻淨淨。不緩不急不疾不徐。
佛要聲聲心心。不澀不掉。不浮不沉念去。至於囘向。不
是但誦舊文一過。須從自己心中發出眞正大菩提願。
至誠懇切。普願一切衆生同生極樂。而我心無所着。如
虛空等。是名囘向。又靜坐當反觀深究。佛卽我心。是心
是佛。不假外求。如心而住。無能無所。如是諦觀。更無二
念。是名修行三昧。愼勿忘形死心。又落外魔知見。如是
坐一時。便起經行。又更持誦。有箇次序。若忙忙促促。一

氣趕去。謂可完卻一日課誦。便有苟且了局之見。非眞正修行矣。大抵學道人不遵知識明誨。決定勞而無益。未久必敗。愼之愼之。

大凡修淨土人。最忌是夾雜。何謂夾雜。即是又諷經。又持咒。又做會。又好說些沒要緊的禪。又要談些吉凶禍福見鬼見神的話。卻是夾雜也。既夾雜。則心不專一。心不專一。則見佛往生難矣。卻不空費了一生的事。如今一概莫做。只緊緊持一句阿彌陀佛。期生極樂。日久功成。方不錯。卻授汝一偈。依而行之。阿彌陀一句。萬法之總持。聲與心相依。念茲復在茲。感應不思議。蓮開七寶池。

念佛說

張光緯

經云執持名號。一心不亂。執持二字。屬手不屬口。若有物可以把捉者非眞有所把捉也。儒家謂拳拳服膺。朱子釋云恭敬奉持之貌。卽是執持之義。下云勿失之矣。便是不亂義。儒家又云顧諟。朱子釋云常目在之。卽是作觀義。亦卽是不亂義。口誦目顧。耳卽自聽。聲從舌流。口沾禪味。鼻聞妙香、心塵不起。如是念佛。六根歸一。從何得亂。吾今念佛。作一方便。自視此心。如淸淨寶瓶。佛名。爲其嘉穀。逐字。逐句。如穀。投瓶。貫。珠。而下。穀。旣。無。聲。

瓶亦不滿不放一粒拋向瓶外顧念此瓶徑寸耳中藏三千大千世界百億微塵數佛刹三十六萬億一十一萬九千五百同名同號阿彌陀佛安住其中我亦與之俱會一處游樂宴息方是我安身立命之地雖然猶有慮一切無明覆障皆爲鼠雀防護稍懈耗我嘉穀萬一有犯波羅夷法僧伽波尸沙法則寶瓶墮地破壞無餘矣愼之哉

今之念佛者多矣而不知念字從心不僅用口若僅用口心佛不接有何功行屠赤水先生曰念佛者假口攝心口念千聲心想萬端何功之有劉玉受先生曰念佛

至數百省之與第一句不相着者往往而是此際宜帶參勘石雨和尚偈曰念佛切莫貪多念且念一百心不亂九十九聲一念差捋轉數珠都不算如是一百百至千從千至萬如珠貫箭射不入刀不侵百萬魔軍皆退竄念到人空法亦空數珠抛向無生院如上三等念佛方稱眞佛不然虛立程課急急了事當其念時且不知所爲佛者安在何况未念以前既念以後乎吾向來念佛亦只囫圇念過今深知字字從心裏滾出來又須字字打入心裏去且帶作觀瞑目向西而坐默想神與形離蓦直西去漸見樹林水鳥金繩界道羅網欄楯以次

而寶池勝蓮。香臺樓閣。種種在目。儼然丈六彌陀。觀音侍左。勢至侍右。放眉間光。垂手接引。吾與諸上善人同攝光中。隨引而上。禮足悲懇。忽見金掌摩頂。甘露灑身。如是良久徐徐神返。若出定然。古人所云。先送心歸極樂者。想應如是。願告諸念佛人。須知心念。莫只口念。自然有入路矣。

書淨土約說後

翁叔元

蓮池大師博採晉唐以來念佛生淨土者。各爲傳讚。如史家體。凡百六十有六人。都爲一帙。曰往生集。行世久矣。以叔元所親見者有四人。皆常熟產也。一爲北門金童廟僧。日持一板擊於街巷。高聲唱。無常迅速。一心念佛。衆不甚異之。明崇禎十三年庚辰春三月。徧辭諸鄰舍。叔元時八歲。嬉於門首。僧摩頂言曰。小相公好念佛。老僧去矣。叔元初不解何故。次日僧拈香佛前。合掌念佛。端坐而逝。一爲城南老嫗。嫗陳姓。年七十餘。以紡棉紗爲業。隨紡車聲。念佛。終日不絕口。如是者三十年矣。一日忽向其子言曰。兒不見空中旛幢寶蓋乎。因拍手大笑。自取水沐浴竟。合掌化去。觀者如堵。叔元往視之。惟見嫗凝然危坐。室中香氣清芬襲人。非世間所有。時順治十年癸巳夏四月也。一爲崇文禪師。雲棲老人之法孫也。住南洙村靜室。年五十。雙目失明。乃專心念佛。每夜登座施瑜伽食。三年不輟。順治十五年戊戌三月十四日。其徒行先過余言曰。師明日西歸。特遣告別。叔元急趨往。時已昏夜。城門閉不得出。明日凌晨詣師所。緇素圍集者三十餘人。師坐於牀。命其徒衆誦彌陀經一卷。誦畢入寂。室中聞菊花香三日不散。一為指南禪師。師參學有年。寓居東塔寺吳王菴。終日默坐念佛。人予之錢。即轉施與人。性坦率。於一切無少繫戀。有芝塘里善士數人。素皈心於師。康熙三十年辛未夏六月。入城謁師。師謂曰。來月五日與諸檀施別。衆人如期往。師。

無他語惟勸令念佛趺坐而化余猶子是龍讀書菴中
目擊其事云淨土法門自雲棲滅度後江浙間嗣響冢
冢常熟有普仁寺陸吏部胥仲尊人所修葺也金壇有
淨土寺李戶部肖巖昆季捨宅爲院者也卓錫於兩地
者有截流身葉霞標鶴耀四大師皆具大弘願以念佛
法門倡導後進精勤勇猛學者翕然宗之截公回首後
有孫狀元扶桑先生之長君翰臣爲冥司勾攝死去一
晝夜醒而言曰吾拘繫閻羅殿下黑暗中忽睹光明燭
天香花布空閻羅伏地迎西歸大師即截公也吾以師
光明所照及遂得放還同日有南關外吳氏子病死踰

夕復活。具言所見。亦如孫子言。身公重跰精苦。募鑄丈六彌陀鐵像。三年而後成。常熟魔民意其有餘資。垂涎搆獄。師曳杖而行。時霞公住淨土寺。聞身公行。喜曰。吾。方。丈。得。人。矣。乙亥十月六日迎身公入寺。越二日霞公說偈別衆。坐積薪上。舉火自焚。大衆觀歎悲泣。得未曾有。身公既住淨土。乃迎鶴公住普仁。兩地法幢相望。遠近皈仰。海內人士將有聞風興起。繼雲棲之法席。駕大海之慈航。而問津者踵接於金壇常熟間矣。身公鶴公尙勉旃哉。

與茅靜遠居士書

思齊法師

前三月下旬。返自四明。過訪居士。適遇公出。悵然而去。尋歸回龍。茲又一月餘矣。因數子相勸。欲講法華。特到杭請經。因得致書于足下。足下造橋事畢。可謂莫大之功。然居士之心好善無倦。一善甫完。復作一善。美則美矣。其如生死大事何。苟不以生死大事爲急。而孳孳爲善。所作善事如須彌山。皆生死業緣。有何了日。善事彌多。生死彌廣。一念愛心。萬劫纏縛。可不懼耶。居士世間公案久已參透。西方淨業久已修習。然而生死心不切。家緣撇不下。人情謝不去。念佛心不專。何也。將名根不斷耶。抑愛念牽纏耶。於此二者宜加審察。苟不把家緣世事。一刀。斬斷。六字洪名。盡力。提起。欲望娑婆之脫。安養之生。難矣。不生安養而欲脫生死。不脫生死而欲免墮落。抑又難矣。縱一生兩生不失人身。濟得甚麽事。嗟乎。居士慧心如此明利。家緣如此豐足。繼嗣如此賢能。事事適意。倘不能放下萬緣。一心念佛。爲天負人耶。爲人負天耶。不以念佛爲急。而以世間小善爲急。不以生死大事爲先。而以人天福報爲先。是不知先後也。居士今日要務。惟當謝絕人事。一心念佛。加以齋戒二字。尤爲盡美。大抵西方佛國。非悠悠散善所能致。萬劫生死。非因循怠惰所能脫。無常迅速。旦暮卽至。安得不爲之早辦耶。衲所知識者甚寡。知識之中求可以語此事者爲尤寡。捨居士一人而深以期望者誰哉。倘不以人廢言。幸加努力。若曰吾不能也。則亦無可奈何矣。

示禪者念佛

一句彌陀頭則公案。無別商量。直下便判。如大火聚。觸之則燒。如太阿劍。攖之則爛。八萬四千法藏。六字全收。千七百則葛藤。一刀斬斷。任他佛不喜聞。我自心心憶念。請君不必多言。只要一心不亂。

念佛警策卷下終

淨業日課

慈雲懺主晨朝十念法

十念法者。日日早晨服飾已。面西正立。合掌定心。稱名云。

南無西方極樂世界。大慈大悲。接引大導師阿彌陀佛。

再連聲念云 南無阿彌陀佛。

盡一氣爲一念。如是十氣。名爲十念。但隨氣長短。不限佛數。氣極爲度。其聲不高不低。不緩不急。調停得中。十氣連屬。令心不散。專精爲功。名十念者。是藉氣束心也。念已。發願回向云。

我今稱念阿彌陀　眞實功德佛名號

唯願慈悲垂攝受　證知懺悔及所願

我昔所造諸惡業　皆由無始貪瞋癡
從身語意之所生　一切我今皆懺悔
願我臨欲命終時　盡除一切諸障礙
面見彼佛阿彌陀　即得往生安樂剎
彼佛衆會咸清淨　我時於勝蓮花生
親見如來無量光　現前授我菩提記
蒙彼如來授記已　化身無數百俱胝
智力廣大徧十方　普利一切衆生界

作此願已。禮佛不禮佛俱可。但要盡此一生。不得一日暫廢。唯將不廢。自要其心。得生彼國。

求生西方者。宜兼禮是懺。於常供道場中。端莊謹肅。合掌定心。作是云。

一切恭敬。

一心頂禮常住三寶（存心徧禮十方三世一切佛法僧寶。拜起。兩膝著地。手執香爐。燒衆名香。唱云。）

願此香煙雲　徧滿十方界　無邊佛土中
無量香莊嚴　具足菩薩道　成就如來香

唱已。想云。我此香華徧十方。以爲微妙光明臺。諸天音樂天寶香。諸天餚饍天寶衣。不可思議妙法塵。一一塵出一切塵。一一塵出一切法。旋轉無礙互莊嚴。徧至十方三寶前。十方法界三寶前。悉有我身修供養。一一皆悉徧法界。彼彼無雜無障礙。盡未來際作佛事。普熏法界諸衆生。蒙熏皆發菩提心。同入無生證佛智。想已。置香爐。起。作一禮。禮已。合掌。曲躬懇切。想面對·彌陀。及一切佛。而讚歎曰。

如來妙色身　世間無與等　無比不思議
是故今頂禮　如來色無盡　智慧亦復然
一切法常住　是故我歸依　大智大願力
普度於羣生　令捨熱惱身　生彼清涼國
我今淨三業　歸依及禮讚　願共諸衆生
同生安樂剎

讚願已。即便禮佛。一一存心專對。唱云。

一心頂禮。常寂光淨土。阿彌陀如來。清淨妙法身。徧法界諸佛。

拜下。想云。能禮所禮性空寂。感應道交難思議。我此道場如帝珠。彌陀如來影現中。我身影現如來前。爲求往生接足禮。

一心頂禮。實報莊嚴土。阿彌陀如來。微塵相海身。徧法界諸佛。拜下。想偈同前。

一心頂禮。方便聖居土。阿彌陀如來。解脫相嚴身。徧法

界諸佛。拜下。想偈同前。

一心頂禮。西方安樂土。阿彌陀如來。大乘根界身。徧法

界諸佛。拜下。想偈同前。

一心頂禮。西方安樂土。阿彌陀如來。十方化往身。徧法

界諸佛。拜下。想偈同前。

一心頂禮。西方安樂土。教行理三經。極依正宣揚。徧法

界尊法。拜下。想云。眞空法性如虛空。常住法寶難思議。我身影現法寶前。一心如法歸命禮。

一心頂禮。西方安樂土。觀世音菩薩。萬億紫金身。徧法

界菩薩摩訶薩。拜下。想云。能禮所禮性空寂。感應道交難思議。我此道場如帝珠。觀音菩薩影現中。我身影現菩薩前。頭面接足歸命禮。

一心頂禮西方安樂土。大勢至菩薩。無邊光智身。徧法界菩薩摩訶薩。拜下。想偈同前。但改勢至菩薩。

一心頂禮西方安樂土。淸淨大海衆。滿分二嚴身。徧法界聖衆。拜下。想偈同前。但改淸淨海衆。想已。即兩膝跪地。執手爐燒香。至誠而唱是言。

我今普爲四恩三有。法界衆生。悉願斷除三障。歸命懺悔。執爐叩下。運順逆十心。想云。我與衆生。無始來今。由愛見故。內計我人。外加惡友。不隨喜他一毫之善。唯徧三業。廣造重罪。事雖不廣。惡心徧布。晝夜相續。無有間斷。覆諱過失。不欲人知。不畏惡道。無慚無愧。撥無因果。故於今日。深信因果。生重慚愧。生大怖畏。發露懺悔。斷相續心。發菩提心。斷惡修善。勤策三業。翻昔重過。隨喜凡聖一毫之善。念十方佛。有大福慧。能救拔我。及諸衆生。從二死海。置三德岸。從無始來。不知諸法本性空寂。廣造衆惡。今知空寂。爲求菩提。爲衆生故。廣修諸善。徧斷衆惡。唯願十方諸佛。彌陀世尊。慈悲攝受。聽我懺悔。想已。起禮。復跪地。執手爐。唱云。

至心懺悔。叩 我弟子某甲。及法界衆生。起 從無始世來。無明所覆顚倒迷惑。而由六根三業。習不善法。廣造十惡。及五無間。一切衆罪。無量無邊。說不可盡。十方諸佛。常在世間。法音不絕。妙香充塞。法味盈空。放淨光明。照觸一切。常住妙理。徧滿虛空。我無始來。六根內盲。三業昏闇。不見不聞。不覺不知。以是因緣。長流生死。經歷惡道。百千萬劫。永無出期。經云。毗盧遮那徧一切處。其佛所住。名常寂光。是故當知。一切諸法。無非佛法。而我不了。隨無明流。是則於菩提中見不清淨。於解脫中。而起纏縛。今始覺悟。今始改悔。奉對叩諸佛。彌陀世尊。起發露懺悔。當令我與法界衆生。三業六根。無始所作。現作當作。自作教他。見聞隨喜。若憶不憶。若識不識。若疑不疑。若覆若露。一切重罪。畢竟清淨。我懺悔已。六根三業。淨無瑕累。所修善根。悉亦清淨。皆悉迴向莊嚴淨土。普與衆生同生安養。願叩阿彌陀佛。常來護持。起令我善根。現前增進。不失淨因。臨命終時。身心正念。視聽分明。

面奉（叩）彌陀。與諸聖衆。（起）手執華臺。接引於我。一刹那頃。生在佛前。具菩薩道。廣度衆生。同成種智。

應三說。若時促。及事迫。一說亦得。起云。

懺悔發願已。歸命禮阿彌陀佛。及一切三寶。

一拜。次旋繞法。或三帀。或七帀。及至多帀。口稱云。

南無阿彌陀佛

南無觀世音菩薩

南無大勢至菩薩

南無清淨大海衆菩薩摩訶薩

如是稱念。隨意所欲。不拘遍數。次至佛前三自歸。唱云。

自歸依佛。當願衆生。體解大道。發無上心。一拜

自歸依法。當願衆生。深入經藏。智慧如海。一拜

自歸依僧。當願衆生。統理大衆。一切無礙。一拜

和南聖衆。

次至別座誦阿彌陀經。或誦觀無量壽佛經或心稱名。或依經觀想。量時而止。更迴向結撮亦得。

佛說阿彌陀經

如是我聞。一時佛在舍衛國。祇樹給孤獨園。與大比丘僧千二百五十人俱。皆是大阿羅漢。衆所知識長老舍利弗。摩訶目犍連。摩訶迦葉。摩訶迦旃延。摩訶俱絺羅。離婆多。周利槃陀伽。難陀。阿難陀。羅睺羅。憍梵波提。賓

頭盧頗羅墮。迦留陀夷。摩訶劫賓那。薄拘羅。阿㝹樓馱。如是等諸大弟子。並諸菩薩摩訶薩。文殊師利法王子。阿逸多菩薩。乾陀訶提菩薩。常精進菩薩。與如是等諸大菩薩。及釋提桓因等。無量諸天大衆俱。爾時佛告長老舍利弗。從是西方。過十萬億佛土。有世界名曰極樂。其土有佛。號阿彌陀。今現在說法。舍利弗。彼土何故名爲極樂。其國衆生。無有衆苦。但受諸樂。故名極樂。又舍利弗。極樂國土。七重欄楯。七重羅網。七重行樹。皆是四寶周帀圍繞。是故彼國名爲極樂。又舍利弗。極樂國土。有七寶池。八功德水。充滿其中。池底純以金沙布地。四邊階道。金銀瑠璃玻瓈合成。上有樓閣。亦以金銀瑠璃。玻瓈硨磲。赤珠瑪瑙。而嚴飾之。池中蓮華。大如車輪。青色青光。黃色黃光。赤色赤光。白色白光。微妙香潔。舍利弗。極樂國土。成就如是功德莊嚴。又舍利弗。彼佛國土。常作天樂。黃金爲地。晝夜六時。雨天曼陀羅華。其土衆生。常以淸旦。各以衣裓盛衆妙華。供養他方十萬億佛。卽以食時。還到本國。飯食經行。舍利弗。極樂國土。成就如是功德莊嚴。復次舍利弗。彼國常有種種奇妙雜色之鳥。白鶴。孔雀。鸚鵡。舍利。迦陵頻伽。共命之鳥。是諸衆鳥。晝夜六時。出和雅音。其音演暢五根五力。七菩提分。

八聖道分。如是等法。其土衆生。聞是音已皆悉念佛念
法念僧。舍利弗。汝勿謂此鳥。實是罪報所生。所以者何。
彼佛國土。無三惡道。舍利弗。其佛國土。尚無惡道之名。
何況有實。是諸衆鳥。皆是阿彌陀佛。欲令法音宣流。變
化所作。舍利弗。彼佛國土。微風吹動諸寶行樹。及寶羅
網。出微妙音。譬如百千種樂。同時俱作。聞是音者。自然
皆生念佛念法念僧之心。舍利弗。其佛國土。成就如是
功德莊嚴。舍利弗。於汝意云何。彼佛何故號阿彌陀。舍
利弗。彼佛光明無量。照十方國。無所障礙。是故號爲阿
彌陀。又舍利弗。彼佛壽命。及其人民。無量無邊阿僧祇

劫。故名阿彌陀。舍利弗。阿彌陀佛成佛以來。於今十劫。
又舍利弗。彼佛有無量無邊聲聞弟子。皆阿羅漢。非是
算數之所能知。諸菩薩衆。亦復如是。舍利弗。彼佛國土。
成就如是功德莊嚴。又舍利弗。極樂國土。衆生生者。皆
是阿鞞跋致。其中多有一生補處。其數甚多。非是算數
所能知之。但可以無量無邊阿僧祇說。舍利弗。衆生聞
者。應當發願願生彼國。所以者何。得與如是諸上善人。
俱會一處。舍利弗。不可以少善根福德因緣得生彼國。
舍利弗。若有善男子善女人。聞說阿彌陀佛。執持名號。
若一日。若二日。若三日。若四日。若五日。若六日。若七日。

一心不亂。其人臨命終時。阿彌陀佛。與諸聖衆。現在其前。是人終時。心不顛倒。卽得往生阿彌陀佛極樂國土。舍利弗。我見是利。故說此言。若有衆生。聞是說者。應當發願。生彼國土。舍利弗。如我今者。讚歎阿彌陀佛不可思議功德之利。東方亦有阿閦鞞佛。須彌相佛。大須彌佛。須彌光佛。妙音佛。如是等恆河沙數諸佛。各於其國。出廣長舌相。偏覆三千大千世界。說誠實言。汝等衆生。當信是稱讚不可思議功德。一切諸佛所護念經。舍利弗。南方世界。有日月燈佛。名聞光佛。大燄肩佛。須彌燈佛。無量精進佛。如是等恆河沙數諸佛。各於其國。出廣長舌相。徧覆三千大千世界。說誠實言。汝等衆生。當信是稱讚不可思議功德。一切諸佛所護念經。舍利弗。西方世界。有無量壽佛。無量相佛。無量幢佛。大光佛。大明佛。寶相佛。淨光佛。如是等恆河沙數諸佛。各於其國。出廣長舌相。徧覆三千大千世界。說誠實言。汝等衆生。當信是稱讚不可思議功德。一切諸佛所護念經。舍利弗。北方世界。有燄肩佛。最勝音佛。難沮佛。日生佛。網明佛。如是等恆河沙數諸佛。各於其國。出廣長舌相。徧覆三千大千世界。說誠實言。汝等衆生。當信是稱讚不可思議功德。一切諸佛所護念經。舍利弗。下方世界。有師子佛。名聞佛。名光佛。達摩佛。法幢佛。持法佛。如是等恆河沙數諸佛。各於其國。出廣長舌相。徧覆三千大千世界。說誠實言。汝等衆生。當信是稱讚不可思議功德。一切諸佛所護念經。舍利弗。上方世界。有梵音佛。宿王佛。香上佛。香光佛。大燄肩佛。雜色寶華嚴身佛。娑羅樹王佛。寶華德佛。見一切義佛。如須彌山佛。如是等恆河沙數諸佛。各於其國。出廣長舌相。徧覆三千大千世界。說誠實言。汝等衆生。當信是稱讚不可思議功德。一切諸佛所護念經。舍利弗。於汝意云何。何故名爲一切諸佛所護念經。舍利弗。若有善男子善女人。聞是經受持者。及聞諸佛名者。是諸善男子善女人。皆爲一切諸佛之所護念。皆得不退轉於阿耨多羅三藐三菩提。是故舍利弗。汝等皆當信受我語。及諸佛所說。舍利弗。若有人已發願。今發願。當發願。欲生阿彌陀佛國者。是諸人等。皆得不退轉於阿耨多羅三藐三菩提於彼國土。若已生。若今生。若當生。是故舍利弗。諸善男子善女人。若有信者。應當發願。生彼國土。舍利弗。如我今者。稱讚諸佛不可思議功德。彼諸佛等。亦稱讚我不可思議功德。而作是言。釋迦牟尼佛。能爲甚難希有之事。能於娑婆國土。五濁惡世。劫濁。見濁。煩惱濁。衆生濁。命濁。中。得阿耨多羅三藐三菩提。爲諸衆生。說是一切世間難信之法。舍利弗。當知我於五濁惡世。行此難事。得阿耨多羅三藐三菩提。爲一切世間說此難信之法。是爲甚難。佛說此經已。舍利弗及諸比丘。一切世間天人阿脩羅等。聞佛所說。歡喜信受。作禮而去。

佛說阿彌陀經 誦經畢。可更誦往生咒七遍。愈多愈妙。

拔一切業障根本得生淨土陀羅尼 此咒亦簡稱往生咒

南謨阿彌多婆夜。哆他伽哆夜。哆地夜他。阿彌唎都婆毗。阿彌唎哆。悉躭婆毗。阿彌唎哆。毗迦蘭帝。阿彌唎哆。毗迦蘭哆。伽彌膩。伽伽那。枳多迦隸。娑婆訶。 經咒畢。接讚云。

阿彌陀佛身金色　相好光明無等倫
白毫宛轉五須彌　紺目澄清四大海
光中化佛無數億　化菩薩衆亦無邊
四十八願度衆生　九品咸令登彼岸

南無西方極樂世界大慈大悲阿彌陀佛一聲

南無阿彌陀佛宜定數。少則千聲。或數千聲。多則一萬。乃至十萬聲。愈多愈妙。念畢。跪念

後菩薩聖號各十聲。或數十聲。

南無觀世音菩薩

南無大勢至菩薩

南無淸淨大海衆菩薩即念下列之雲棲大師西方發願文。迴向云。

稽首西方安樂國　接引衆生大導師

我今發願願往生　惟願慈悲哀攝受

弟子某甲普爲四恩三有。法界衆生。求於諸佛一乘無上菩提道故。專心持念阿彌陀佛萬德洪名。期生淨土。又以業重福輕。障深慧淺。染心易熾。淨德難成。今於佛前。翹勤五體。披瀝一心。投誠懺悔。我及衆生。曠劫至今。迷本淨心。縱貪瞋癡。染穢三業。無量無邊所作罪垢。無量無邊所結寃業。願悉消滅。從於今日。立深誓願。遠離惡法。誓不更造。勤修聖道。誓不退惰。誓成正覺。誓度衆生。阿彌陀佛。以慈悲願力。當證知我。當哀愍我。當加被我願禪觀之中。夢寐之際。得見阿彌陀佛金色之身。得歷阿彌陀佛寶嚴之土。得蒙阿彌陀佛甘露灌頂。光明照身。手摩我頭。衣覆我體。使我宿障自除。善根增長。疾空煩惱。頓破無明。圓覺妙心。廓然開悟。寂光眞境。常得現前。至於臨欲命終。預知時至。身無一切病苦厄難。心無一切貪戀迷惑。諸根悅豫。正念分明。捨報安詳。如入禪定。阿彌陀佛。與觀音勢至。諸聖賢衆。放光接引。垂手提攜。樓閣幢旛。異香天樂。西方聖境。昭示目前。令諸衆生。見者聞者。歡喜感歎。發菩提心。我於爾時。乘金剛臺。隨從佛後。如彈指頃。生極樂國。七寶池內。勝蓮花中。花開見佛。見諸菩薩。聞妙法音。獲無生忍。於須臾間承事諸佛。親蒙授記。得授記已。三身四智。五眼六通。無量百千陀羅尼門。一切功德。皆悉成就。然後不違安養。回入娑婆。分身無數。遍十方刹。以不可思議自在神力。種種方便。度脫衆生。咸令離染。還得淨心。同生西方。入不退地。如此大願。世界無盡。衆生無盡。業及煩惱一切無盡。我願無盡。願今禮佛發願修持功德。回施有情。四恩總報。三有齊資。法界衆生。同圓種智。

行者讀此願文。須極懇切。語語從心中發出。乃符發願本旨。如願文有不了解之處。可閱雲棲發願文注。（見雲棲日誦）及省庵注。（見省庵語錄）若時促。即改用下列慈雲懺主小淨土文發願迴向亦可。

我弟子某甲。一心歸命。極樂世界。阿彌陀佛。願以淨光照我。慈誓攝我。我今正念。稱如來名。爲菩提道。求生淨土。佛昔本誓。若有衆生。欲生我國。至心信樂。乃至十念。若不生者。不取正覺。以此念佛因緣。得入如來大誓海中。乘佛慈力。衆罪消滅。善根增長。若臨欲命終。自知時至。身無病苦。心不貪戀。亦不顛倒。如入禪定。佛及聖衆。手執金臺。來迎接我。於一念頃。生極樂國。花開見佛。卽聞佛乘。頓開佛慧。廣度衆生。滿菩提願。廣度衆生。滿菩提願。

發願迴向已。卽禮佛菩薩三拜。畢課。

善導和尙示臨睡入觀文

修淨土人。凡欲入觀。及臨睡時。一心合掌。正面西向。若坐。若立。若跪。十聲念阿彌陀佛觀音勢至淸淨海衆竟。發願云。

弟子某甲。現是生死凡夫。罪障深重。輪迴六道。苦不可言。今遇知識。得聞彌陀名號。本願功德。一心稱念。求願往生。願佛慈悲不捨。哀憐攝受。弟子某甲。不識佛身相好光明。願佛示現。令我得見。及見觀音勢至諸菩薩衆。彼世界中。淸淨莊嚴。光明妙相等。令我了了得見。

發願已。正念入觀。或臨睡則正念而寢。不得雜語。不得雜想。或有正發願時即得見之。或有睡夢中得見。

但辦專志。必如所願。

善導大師古稱阿彌陀佛化身。今此願文。修淨土人所宜深信。愼勿以暫時無驗而輒廢惰。務在久遠行持。必於淨土功不唐捐矣。

編者註 修淨業者。以至心念佛爲主。餘行爲助。本編乃選古德所行課程。學者量力行持可也。

淨業日課終

國家圖書館出版品預行編目資料

徹悟禪師開示語錄 / 徹悟禪師著. -- 初版. -- 新北市：華夏出版有限公司, 2024.02
面； 公分. --（圓明書房；037）
ISBN 978-626-7296-80-6（平裝）
1.CST：禪宗 2.CST：淨土宗 3.CST：佛教說法

226.65 112014227

圓明書房 037
徹悟禪師開示語錄

著 作 徹悟禪師
出 版 華夏出版有限公司
220 新北市板橋區縣民大道 3 段 93 巷 30 弄 25 號 1 樓
電話：02-32343788 傳真：02-22234544
E-mail：pftwsdom@ms7.hinet.net
印 刷 百通科技股份有限公司
電話：02-86926066 傳真：02-86926016
總 經 銷 貿騰發賣股份有限公司
新北市 235 中和區立德街 136 號 6 樓
電話：02-82275988 傳真：02-82275989
網址：www.namode.com
版 次 2024 年 2 月初版一刷
特 價 新臺幣 750 元（缺頁或破損的書，請寄回更換）

ISBN-13：978-626-7296-80-6